근현대 전법 선맥(傳法禪脈)

75조 경허 성우(鏡虛 惺牛) 전법선사

오도송

홀연히 콧구멍 없는 소 되라는 말끝에
삼천계가 내 집임을 단박에 깨달았네
유월의 연암산을 내려가는 길에서
일없는 야인이 태평가를 부르노라

忽聞人語無鼻孔
頓覺三千是我家
六月鷰岩山下路
野人無事太平歌

76조 만공 월면(滿空 月面) 전법선사

전법게

구름과 달, 산과 계곡이라, 곳곳에서 같음이여
선가의 나의 제자 수산의 큰 가풍일세
은근히 무문인을 그대에게 분부하니
이 기틀의 방편이 활안 중에 있노라

雲月溪山處處同
曳山禪子大家風
慇懃分付無文印
一段機權活眼中

* 제75조 경허 성우 전법선사 전함 / 제76조 만공 월면 전법선사 받음

77조 전강 영신(田岡 永信) 전법선사

전법게

불조도 전한 바 없어서
나 또한 얻은 바 없음을…
가을빛 저물어 가는 날에
뒷산의 원숭이가 울고 있네

佛祖未曾傳
我亦無所得
此日秋色暮
猿嘯在後峰

* 제76조 만공 월면 전법선사 전함 / 제77조 전강 영신 전법선사 받음

78대 농선 대원(弄禪 大圓) 전법선사

전법게

부처와 조사도 일찍이 전한 것이 아니거늘
나 또한 어찌 받았다 하며 준다 할 것인가
이 법이 2천년대에 이르러서
널리 천하 사람을 제도하리라

佛祖未曾傳
我亦何受授
此法二千年
廣度天下人

부송(付頌)

어상을 내리지 않고 이러-히 대한다 함이여
뒷날 돌아이가 구멍 없는 피리를 불리니
이로부터 불법이 천하에 가득하리라

不下御床對如是
後日石兒吹無孔
自此佛法滿天下

* 제77조 전강 영신 전법선사 전함 / 제78대 농선 대원 전법선사 받음

이 오도송과 전법게는 농선 대원 선사님께서 법리에 맞도록 새롭게 번역한 것입니다.

불조정맥 제 77조 대한불교 조계종 전강 대선사님께서는, 16세에 출가하여 23세 때 첫 깨달음을 얻고 25세에 인가를 받으셨다. 당대의 7대 선지식인 만공, 혜봉, 혜월, 한암, 금봉, 보월, 용성 선사님의 인가를 한 몸에 받으셨으며, 이 중 만공 선사님께 전법게를 받아 그 뒤를 이으셨다. 당대의 선지식들이 모두 극찬할 정도로 그 법이 뛰어나서 '지혜제일 정전강'이라 불렸다.

33세의 최연소의 나이로 통도사 조실을 하셨고, 법주사, 망월사, 동화사, 범어사, 천축사, 용주사, 정각사 등 유명선원 조실을 역임하시고 인천 용화사 법보선원의 조실로 일생을 마치셨다.

1975년 1월 13일, 용화사 법보선원의 천여 명 대중 앞에서 "어떤 것이 생사대사(生死大事)인고?" 자문한 후에 "악! 구구는 번성(飜成) 팔십일이니라."라고 법문한 뒤, 눈을 감고 좌탈입망하셨다.

다비를 하던 날, 화려한 불빛이 일고 정골에서 구슬 같은 사리가 무수히 나왔다. 열반하시기까지 한결같이 공안 법문으로 최상승법을 드날리셨으니 그 투철한 깨달음과 뛰어난 법, 널리 교화하기를 그치지 않으셨던 점에 있어서 한국 근대 선종의 거목이라 일컬어지고 있다.

불조정맥 제 78대 농선 대원 전법선사님
- 전강대법회에서 법문 중 할을 하시는 모습

오로지 정법만을 깨닫기 서원합니다.

입을 열면 정법만을 설하기 서원합니다.

중생이 다하는 그날까지 교화하기 서원합니다.

- 농선 대원 전법선사의 3대 서원

불교 8대 선언문

불교는 자신에게서 영생을 발견하게 한 유일한 종교이다.
불교는 자신에게서 모든 지혜를 발견하게 한 유일한 종교이다.
불교는 자신에게서 모든 능력을 발견하게 한 유일한 종교이다.
불교는 자신에게서 모든 것을 이루게 한 유일한 종교이다.
불교는 자신에게서 극락을 발견하게 한 유일한 종교이다.
불교는 깨달으면 차별 없어 평등하다는 유일한 종교이다.
불교는 모든 억압 없이 자신감을 갖게 한 유일한 종교이다.
불교는 그러므로 온 누리에 영원할 만인의 종교이다.

- 농선 대원 전법선사 주창

전세계의 불교계에서 통일시켜야 할 일

경전의 말씀대로 32상과 80종호를 갖춘 불상으로 통일해야 한다.

예불 드리는 법을 통일해야 한다.

불공의식을 통일해야 한다.

- 농선 대원 전법선사 주창

2018년 이룬절 포천정맥선원 농선 대원 선사님의 법회

대방광불화엄경
大 方 廣 佛 華 嚴 經

제 31 권

십회향품 ⑨
十 廻 向 品

도서출판 문젠(구, 바로보인)은 정맥선원에서 운영하고 있습니다.

* 인제산(人濟山) 성불사(成佛寺) 국제정맥선원
  경기도 포천시 내촌면 소리개길 86-178 ☎ 031-531-8805 ☎ 010-6431-8805
* 인제산(人濟山) 이룬절 포천정맥선원
  경기도 포천시 내촌면 소리개길 86-123 ☎ 031-531-2433 ☎ 010-3880-8980
* 자모산(慈母山) 육조사(六祖寺) 청도정맥선원
  경북 청도군 매전면 동산리 산 50 ☎ 010-9800-6109
* 백양산(白楊山) 자모사(慈母寺) 부산정맥선원
  부산시 동래구 아시아드대로 114번길 10 대류코리아나 2층 212호
  ☎ 051-503-6460 ☎ 010-2951-8667
* 광암산(光巖山) 성도사(成道寺) 광주정맥선원
  광주광역시 광산구 삼도광암길 34 ☎ 062-944-4088 ☎ 010-8670-1445
* 대통산(大通山) 대통사(大通寺) 해남정맥선원
  전남 해남군 화산면 송계길 132-98 중정마을 ☎ 061-536-6366 ☎ 010-8938-2438

바로보인 불법 ㉚

화 엄 경 31권

초판 1쇄 펴낸날 단기 4351년, 불기 3045년, 서기 2018년 10월 20일

역   저 농선 대원 선사
펴 낸 곳 도서출판 문젠(Moonzen Press)
      11192,경기도 포천시 내촌면 소리개길 86-178
      전화 031-534-3373 팩스 031-533-3387
신 고 번 호 2010.11.24. 제2010-000004호

윤 문 교 정 증연 강영미
편집 전자책 제작 도향 하가연
표 지 그 림 현정(玄楨)
인   쇄 가람문화사

도서출판문젠 www.moonzenpress.com
정 맥 선 원 www.zenparadise.com
사막화방지국제연대(IUPD) www.iupd.org

華嚴十無頌 화엄십무송

- 농선 대원 선사

無相法性常顯前
상이 없는 법성은 언제나 드러나 있고

無性諸法如谷響
성품이 없는 모든 법은 골짜기에 메아리 같도다

無外作處是自在
밖이 없이 짓는 곳을 이 자재라 하는 것이니

無非華嚴大道場
화엄 대도량 아님이 없음이로다

無窮無盡光神通
궁구할 수 없고 다함 없는 광명의 신통에서

無不出生三千界
삼천대천세계가 나오지 않음이 없도다

無碍相卽大自在
걸림이 없이 서로 즉한 대자재여

無爲之法是日常
함이 없는 법이 일상이로다

無有定法隨狀況
정한 법 없어 상황을 따름이여

無上無爲妙菩提
위 없고 함이 없는 묘보리로다

바로보인 불법 ㊳

화엄경(華嚴經) 31권

농선 대원 선사 역저

二十五 、 십회향품 (十廻向品) ⑨

서 문

가없이 크고 넓어 광대함이여!
모양 없는 그 가운데 본래 갖춤
증득한 지혜인이라야 아네

남섬부주 일체의 나툼이여
본래의 갖춤에 비하자면
천만억분의 일도 안 된다네

이러-히 온통 온통함이여!
모두 갖춘 본연한 이 장엄을
'대방광불화엄'이라 하네

단기(檀紀) 4345년
불기(佛紀) 3039년

무등산인 농선 대원
(無等山人 弄禪 大圓)

∽ 81권 화엄경 권과 품

1. 세주묘엄품(世主妙嚴品)   화엄경 1권 ～ 5권

2. 여래현상품(如來現相品)   화엄경 6권

3. 보현삼매품(普賢三昧品)   화엄경 7권

4. 세계성취품(世界成就品)   화엄경 7권

5. 화장세계품(華藏世界品)   화엄경 8권 ～ 10권

6. 비로자나품(毘盧遮那品)   화엄경 11권

7. 여래명호품(如來名號品)   화엄경 12권

8. 사성제품(四聖諦品)   화엄경 12권

9. 광명각품(光明覺品)   화엄경 13권

10. 보살문명품(菩薩問明品)   화엄경 13권

11. 정행품(淨行品)   화엄경 14권

12. 현수품(賢首品)   화엄경 14권 ～ 15권

13. 승수미산정품(升須彌山頂品)   화엄경 16권

14. 수미정상게찬품(須彌頂上偈讚品)   화엄경 16권

15. 십주품(十住品)   화엄경 16권

16. 범행품(梵行品)   화엄경 17권

17. 초발심공덕품(初發心功德品)   화엄경 17권

18. 명법품(明法品)   화엄경 18권

19. 승야마천궁품(昇夜摩天宮品)   화엄경 19권

20. 야마궁중게찬품(夜摩宮中偈讚品)   화엄경 19권

21. 십행품(十行品)　　　　　　　　　화엄경 19권 ～ 20권

22. 십무진장품(十無盡藏品)　　　　　화엄경 21권

23. 승도솔천궁품(昇兜率天宮品)　　　화엄경 22권

24. 도솔궁중게찬품(兜率宮中偈讚品)　화엄경 23권

25. 십회향품(十廻向品)　　　　　　　화엄경 23권 ～ 33권

26. 십지품(十地品)　　　　　　　　　화엄경 34권 ～ 39권

27. 십정품(十定品)　　　　　　　　　화엄경 40권 ～ 43권

28. 십통품(十通品)　　　　　　　　　화엄경 44권

29. 십인품(十忍品)　　　　　　　　　화엄경 44권

30. 아승기품(阿僧祇品)　　　　　　　화엄경 45권

31. 여래수량품(如來壽量品)　　　　　화엄경 45권

32. 제보살주처품(諸菩薩住處品)　　　화엄경 45권

33. 불부사의법품(佛不思議法品)　　　화엄경 46권 ～ 47권

34. 여래십신상해품(如來十身相海品)　화엄경 48권

35. 여래수호광명공덕품(如來隨好光明功德品)　화엄경 48권

36. 보현행품(普賢行品)　　　　　　　화엄경 49권

37. 여래출현품(如來出現品)　　　　　화엄경 50권 ～ 52권

38. 이세간품(離世間品)　　　　　　　화엄경 53권 ～ 59권

39. 입법계품(入法界品)　　　　　　　화엄경 60권 ～ 80권

40. 보현행원품(普賢行願品)　　　　　화엄경 81권

차 례

서문 7

81권 화엄경 권과 품 8

일러두기 12

二十五、 십회향품(十廻向品) ⑨ 13

　9) 제9 집착이 없고 얽힘이 없는 해탈의 회향 15

농선 대원 선사 결문(決文) 133

미주 136

부록 1 불조정맥 (佛祖正脈) 139

부록 2 농선 대원 선사님 인가 내력 145

부록 3 21세기에 인류가 해야 할 일 155

부록 4 가슴으로 부르는 불심의 노래

　 - 농선 대원 선사님이 작사한 곡 161

일러두기

1. 화엄경 본문을 지나치게 세밀하게 나누어 긴 주해를 싣지 않은 것
   은 그로 해서 원문의 흐름이 끊어지게 되지 않을까 하는 우려에서이
   다. 이런 까닭에 다만 수없이 장고(長考)하며 최대한 원문에 충실하
   게 번역하고 각권의 마지막이나 각품의 마지막에만 결문(結文)을 더
   하였다. 화엄경 본문이 이치적으로 더할 나위 없이 샅샅이 불화엄의
   화장세계를 밝힌 것이라면 결문은 화엄경의 화장세계를 선(禪) 도
   리로 간략히 바로 끊어 보인 것이다. 이로써 경의 본뜻이 굴절 없이
   전달되어 화엄의 세계가 독자의 세계가 되기를 바란다.
2. 요즈음 화엄경을 접한 이들이 최고의 경전이라 불리는 화엄경 첫머
   리부터 '신(神)'이라는 호칭으로 기록된 분들이 많은 것을 보고 의
   아하게 생각하는 경우가 있다. 화엄경의 첫머리인 세주묘엄품을 보
   면 이 '신(神)'이라는 호칭으로 기록된 분들이 불보살님의 화현이거
   나 보살마하살의 경지에서 행하는 분들임을 알 수 있다. 이런 까닭
   에 이 책에서는 '신(神)'을 '천제(天帝)'로 번역하였다. 예를 들면, '집
   금강신'은 '집금강천제'로 의역하였다. 천제는 그 세계를 다스리고
   교화하는 분, 곧 깨달아, 삼매와 지혜와 덕과 신통과 방편과 변재를
   갖추어서 다스리고 교화하는 분을 말한다.
3. 미주는 *로 표시하였다.

二十五 십회향품 ⑨

佛子 云何爲菩薩摩訶薩 無着無縛解脫廻向 佛子 是菩薩
摩訶薩 於一切善根 心生尊重 所謂於出生死 心生尊重
於攝取一切善根 心生尊重 於希求一切善根 心生尊重 於
悔諸過業 心生尊重 於隨喜善根 心生尊重 於禮敬諸佛
心生尊重 於合掌恭敬 心生尊重 於頂禮塔廟 心生尊重
於勸佛說法 心生尊重 於如是等種種善根 皆生尊重 隨順
忍可

9) 제9 집착이 없고 얽힘이 없는 해탈의 회향 (無着無縛解脫廻向)

"불자들이여, 어떤 것을 보살마하살의 집착이 없고 얽힘이 없는 해탈의 회향이라 합니까?

불자들이여, 보살마하살이 일체의 선근에 존중하는 마음을 내니, 나고 죽음에서 벗어나는 것에 존중하는 마음을 내고, 일체의 선근을 거두어 들이는 것에 존중하는 마음을 내며, 일체의 선근을 바라고 구하는 것에 존중하는 마음을 내고, 모든 허물의 업을 뉘우치는 것에 존중하는 마음을 내며, 선근을 따라서 기뻐하는 것에 존중하는 마음을 내고, 모든 부처님께 예경하는 것에 존중하는 마음을 내며, 공경하여 합장하는 것에 존중하는 마음을 내고, 탑묘에 정례하는 것에 존중하는 마음을 내며, 부처님의 설법을 권함에 존중하는 마음을 내는 것입니다.

이와 같은 등의 갖가지 선근에 모두 존중함을 내어서 인가(忍可)*하고 수순합니다.

佛子 菩薩摩訶薩 於彼善根 皆生尊重 隨順忍可時 究竟
欣樂 堅固信解 自得安住 令他安住 勤修無着 自在積集
成勝志樂 住如來境 勢力增長 悉得知見 以諸善根 如是
廻向 所謂以無着無縛解脫心 成就普賢身業 以無着無縛
解脫心 清淨普賢語業 以無着無縛解脫心 圓滿普賢意業
以無着無縛解脫心 發起普賢廣大精進

불자들이여, 보살마하살이 그러한 선근에 다 존중함을 내어서 인가하고 수순할 때에 구경에는 기쁘고 즐거워서 믿는 지혜가 견고해지며, 자신도 편안히 머무르고 다른 이도 편안히 머무르게 하며, 부지런히 닦아 집착이 없어서 자재함이 쌓이며, 뛰어난 뜻의 즐거움을 이루어서 여래의 경계에 머무르며, 세력이 더욱 더해져서 모든 지견을 얻게 됩니다.

　모든 선근으로써 이와 같이 회향하기를 '집착이 없고 얽힘이 없는 해탈의 마음으로 보현의 몸의 업을 성취하고, 집착이 없고 얽힘이 없는 해탈의 마음으로 보현의 말의 업을 청정하게 하며, 집착이 없고 얽힘이 없는 해탈의 마음으로 보현의 뜻의 업을 원만하게 하고, 집착이 없고 얽힘이 없는 해탈의 마음으로 보현의 광대한 정진을 일으킨다.

以無着無縛解脫心 具足普賢無礙音聲陀羅尼門 其聲廣大
普遍十方 以無着無縛解脫心 具足普賢見一切佛陀羅尼門
恒見十方一切諸佛 以無着無縛解脫心 成就解了一切音聲
陀羅尼門 同一切音 說無量法 以無着無縛解脫心 成就普
賢一切劫住陀羅尼門 普於十方 修菩薩行 以無着無縛解
脫心 成就普賢自在力 於一衆生身中 示修一切菩薩行 盡
未來劫 常無間斷

집착이 없고 얽힘이 없는 해탈의 마음으로 보현의 걸림 없는 음성 다라니문을 구족하니, 그 음성이 광대하여 시방에 널리 두루하다.

집착이 없고 얽힘이 없는 해탈의 마음으로 보현의 일체 부처님을 보는 다라니문을 구족하니, 시방의 일체 모든 부처님을 항상 본다.

집착이 없고 얽힘이 없는 해탈의 마음으로 일체 음성을 분명히 아는 다라니문을 성취하니, 일체 음성과 같은 한량없는 법을 설한다.

집착이 없고 얽힘이 없는 해탈의 마음으로 보현의 일체 겁에 머무는 다라니문을 성취하니, 시방에서 널리 보살의 행을 닦는다.

집착이 없고 얽힘이 없는 해탈의 마음으로 보현의 자재한 힘을 성취하니, 한 중생의 몸 가운데 일체 보살행의 닦음을 보이되 미래겁이 다하도록 항상 끊어짐이 없고,

如一衆生身 一切衆生身 悉亦如是 以無着無縛解脫心 成
就普賢自在力 普入一切衆道場 普現一切諸佛前 修菩薩行
以無着無縛解脫心 成就普賢佛自在力 於一門中 示現經不
可說不可說劫 無有窮盡 令一切衆生 皆得悟入 以無着無
縛解脫心 成就普賢佛自在力 於種種門中 示現經不可說不
可說劫 無有窮盡 令一切衆生 皆得悟入 其身 普現一切
佛前

한 중생의 몸에서와 같이 일체 중생의 몸에서도 다 또한 이와 같다.

집착이 없고 얽힘이 없는 해탈의 마음으로 보현의 자재한 힘을 성취하니, 일체 대중의 도량에 널리 들어가고 일체 모든 부처님 앞에 두루 나타나서 보살의 행을 닦는다.

집착이 없고 얽힘이 없는 해탈의 마음으로 보현부처님의 자재한 힘을 성취하니, 하나의 문 가운데서 불가설 불가설 수의 겁이 지나도록 다함이 없음을 나타내 보여 일체 중생으로 하여금 다 깨달아 들어가게 한다.

집착이 없고 얽힘이 없는 해탈의 마음으로 보현부처님의 자재한 힘을 성취하니, 갖가지 문 가운데 불가설불가설 수의 겁이 지나도록 다함이 없음을 나타내 보여 일체 중생으로 하여금 모두 깨달아 들어가서 그 몸이 일체 부처님 앞에 두루 나타나게 한다.

以無着無縛解脫心 成就普賢自在力 念念中 令不可說不可
說衆生 住十力智 心無疲倦 以無着無縛解脫心 成就普賢
自在力 於一切衆生身中 現一切佛自在神通 令一切衆生
住普賢行 以無着無縛解脫心 成就普賢自在力 於一一衆
生語言中 作一切衆生語言 令一切衆生 一一皆住一切智
地 以無着無縛解脫心 成就普賢自在力 於一一衆生身中
普容納一切衆生身 令皆自謂成就佛身

집착이 없고 얽힘이 없는 해탈의 마음으로 보현의 자재한 힘을 성취하니, 생각마다 불가설불가설 수의 중생들로 하여금 십력의 지혜에 머물러 피로해 하거나 싫증내는 마음이 없게 한다.

집착이 없고 얽힘이 없는 해탈의 마음으로 보현의 자재한 힘을 성취하니, 일체 중생의 몸 가운데 일체 부처님의 자재한 신통을 나타내어 일체 중생으로 하여금 보현의 행에 머물게 한다.

집착이 없고 얽힘이 없는 해탈의 마음으로 보현의 자재한 힘을 성취하니, 낱낱 중생의 말 가운데 일체 중생의 말을 하여 일체 중생으로 하여금 낱낱이 다 일체 지혜의 바탕에 머물게 한다.

집착이 없고 얽힘이 없는 해탈의 마음으로 보현의 자재한 힘을 성취하니, 낱낱 중생의 몸 가운데 일체 중생의 몸을 두루 받아들여 모두 부처의 몸을 성취했다고 스스로가 말하게 한다.

以無着無縛解脫心 成就普賢自在力 能以一華 莊嚴一切十
方世界 以無着無縛解脫心 成就普賢自在力 出大音聲 普
遍法界 周聞一切諸佛國土 攝受調伏一切衆生 以無着無
縛解脫心 成就普賢自在力 盡未來際不可說不可說劫 於念
念中 悉能遍入一切世界 以佛神力 隨念莊嚴 以無着無縛
解脫心 成就普賢自在力 盡未來際所住之劫 常能遍入一切
世界 示現成佛 出興於世

집착이 없고 얽힘이 없는 해탈의 마음으로 보현의 자재한 힘을 성취하니, 온통인 꽃으로써 일체 시방세계를 장엄한다.

집착이 없고 얽힘이 없는 해탈의 마음으로 보현의 자재한 힘을 성취하니, 법계에 두루 하는 큰 음성을 내어서 일체 모든 불국토에 두루 들리게 하여 일체 중생을 거두어 받아들여 조복시킨다.

집착이 없고 얽힘이 없는 해탈의 마음으로 보현의 자재한 힘을 성취하니, 불가설불가설 수의 미래제가 다하도록 생각마다 다 일체 세계에 두루 들어가서 부처님의 위신력으로써 생각을 따라 장엄한다.

집착이 없고 얽힘이 없는 해탈의 마음으로 보현의 자재한 힘을 성취하니, 미래제가 다하도록 머무는 겁 동안 항상 일체 세계에 두루 들어가 세간에 출현하여 성불함을 나타내 보인다.

以無着無縛解脫心 成普賢行 一光 普照盡虛空界一切世界 以無着無縛解脫心 成普賢行 得無量智慧 具一切神通說種種法 以無着無縛解脫心 成普賢行 入於如來盡一切劫不可測量神通智慧 以無着無縛解脫心 成普賢行 住盡法界諸如來所 以佛神力 修習一切諸菩薩行 身口意業 曾無懈倦

집착이 없고 얽힘이 없는 해탈의 마음으로 보현의 행을 이루니, 온통인 광명이 온 허공계의 일체 세계를 널리 비춘다.

집착이 없고 얽힘이 없는 해탈의 마음으로 보현의 행을 이루니, 한량없는 지혜를 얻고 일체 신통을 갖추어 갖가지 법을 설한다.

집착이 없고 얽힘이 없는 해탈의 마음으로 보현의 행을 이루니, 일체 겁이 다하도록 측량할 수 없는 여래의 신통과 지혜에 들어간다.

집착이 없고 얽힘이 없는 해탈의 마음으로 보현의 행을 이루니, 온 법계의 모든 여래 처소에 머물러 부처님의 위신력으로 일체 모든 보살의 행을 닦아 익히되 몸과 입과 뜻의 업에 일찍이 게으름과 싫증냄이 없다.

以無着無縛解脫心 成普賢行 不違於義 不壞於法 言辭淸淨 樂說無盡 敎化調伏一切衆生 令其當得一切諸佛無上菩提 以無着無縛解脫心 修普賢行 入一法門時 放無量光 照不思議一切法門 如一法門 一切法門 皆亦如是 通達無礙 究竟當得一切智地 以無着無縛解脫心 住菩薩行 於法自在 到於普賢莊嚴彼岸 於一一境界 皆以一切智 觀察悟入 而一切智 亦不窮盡

집착이 없고 얽힘이 없는 해탈의 마음으로 보현의 행을 이루니, 뜻을 어기지 않고 법을 무너뜨리지도 않으며 언사가 청정하여 즐겁게 설함이 다함 없어 일체 중생을 조복시켜 교화하고 그들로 하여금 일체 모든 부처님의 위 없는 보리를 얻게 한다.

집착이 없고 얽힘이 없는 해탈의 마음으로 보현의 행을 닦으니, 온통인 법문에 들어갈 때에 한량없는 광명을 놓아 부사의한 일체 법문을 비추고 온통인 법문에서와 같이 일체 법문에서도 다 또한 이와 같이 하여서 걸림 없이 통달하여 구경의 일체 지혜의 바탕을 얻는다.

집착이 없고 얽힘이 없는 해탈의 마음으로 보살의 행에 머물러 법에 자재하여서 보현의 장엄으로 피안에 이르르니, 낱낱 경계를 다 일체 지혜로써 관찰하여 깨달아 들어가나 일체 지혜 또한 다함이 없다.

以無着無縛解脫心 始從此生 盡未來際 住普賢行 常不休
息 得一切智 悟不可說不可說眞實法 於法究竟 無有迷惑
以無着無縛解脫心 修普賢業 方便自在 得法光明 於諸菩
薩所行之行 照了無礙 以無着無縛解脫心 修普賢行 得一
切方便智 知一切方便 所謂無量方便 不思議方便 菩薩方
便 一切智方便 一切菩薩調伏方便 轉無量法輪方便 不可
說時方便 說種種法方便 無邊際無畏藏方便 說一切法無
餘方便

집착이 없고 얽힘이 없는 해탈의 마음으로 비로소 이 생으로부터 미래제가 다하도록 보현의 행에 머무르니, 항상 쉬지 않고 얻은 일체 지혜로 불가설불가설 수의 참답고 실다운 법을 깨달아 구경에는 법에 미혹함이 없다.

집착이 없고 얽힘이 없는 해탈의 마음으로 보현의 업을 닦으니, 방편에 자재하여 법의 광명을 얻고 모든 보살의 행하는 바 행을 걸림없이 밝게 비춘다.

집착이 없고 얽힘이 없는 해탈의 마음으로 보현의 행을 닦아서 일체 방편의 지혜를 얻어 일체 방편을 아니, 한량없는 방편과 부사의한 방편과 보살의 방편과 일체 지혜의 방편과 일체 보살의 조복시키는 방편과 한량없는 법륜을 굴리는 방편과 불가설 수의 시간의 방편과 갖가지 법을 설하는 방편과 끝없고 두려움 없는 보배장의 방편과 일체 법을 남음이 없이 설하는 방편이다.

以無着無縛解脫心 住普賢行 成就身業 令一切衆生 見者歡喜 不生誹謗 發菩提心 永不退轉 究竟清淨 以無着無縛解脫心 修普賢行 得了一切衆生語言淸淨智 一切言辭具足莊嚴 普應衆生 皆令歡喜 以無着無縛解脫心 住普賢行 立殊勝志 具淸淨心 得廣大神通 廣大智慧 普詣一切廣大世間 廣大國土 廣大衆生所 說一切如來 不可說廣大法 廣大莊嚴圓滿藏

집착이 없고 얽힘이 없는 해탈의 마음으로 보현의 행에 머무르니, 몸의 업을 성취하여서 일체 중생으로 하여금 보는 이가 환희하여 비방하지 않게 하며 보리심을 발하여 영원히 퇴전하지 않아서 구경에 청정하게 한다.

　집착이 없고 얽힘이 없는 해탈의 마음으로 보현의 행을 닦으니, 일체 중생의 말을 아는 청정한 지혜를 얻어 일체 언사로 장엄함을 구족하여서 중생들에게 널리 응하여 모두 환희하게 한다.

　집착이 없고 얽힘이 없는 해탈의 마음으로 보현의 행에 머무르니, 수승한 뜻을 세우고 청정한 마음을 갖추어서 광대한 신통과 광대한 지혜를 얻고 일체 광대한 세간과 광대한 국토와 광대한 중생의 처소에 널리 이르러서 일체 여래의 불가설 수의 광대한 법과 광대하게 장엄된 원만한 보배장을 설한다.

以無着無縛解脫心 成滿普賢廻向行願 得一切佛清淨身
清淨心 清淨解 攝佛功德 住佛境界 智印普照 示現菩薩
清淨之業 善入一切差別句義 示諸佛菩薩廣大自在 爲一切
衆生 現成正覺 以無着無縛解脫心 勤修普賢諸根行願 得
聰利根 調順根 一切法自在根 無盡根 勤修一切善根根 一
切佛境界平等根 受一切菩薩不退轉記大精進根 了知一切
佛法金剛界根

집착이 없고 얽힘이 없는 해탈의 마음으로 보현의 회향하는 서원행을 원만히 이루니, 일체 부처님의 청정한 몸과 청정한 마음과 청정한 지혜를 얻어서 부처님의 공덕을 거두어 부처님의 경계에 머무르고 지혜의 인(印)을 두루 비추어서 보살의 청정한 업을 나타내 보이며 일체 차별한 글귀와 뜻에 잘 들어가서 모든 불보살의 광대한 자재함을 보이고 일체 중생을 위하여 정각을 이룸을 나타낸다.

  집착이 없고 얽힘이 없는 해탈의 마음으로 보현의 모든 근과 서원행을 부지런히 닦으니, 총명하고 이로운 근과 유순한 근과 일체 법에 자재한 근과 다함이 없는 근과 일체 선근을 부지런히 닦는 근과 일체 부처님의 경계에 평등한 근과 일체 보살의 퇴전하지 않는 수기를 받아 크게 정진하는 근과 일체 불법을 밝게 아는 금강계의 근과

一切如來智慧光照金剛焰根 分別一切諸根自在根 安立無
量衆生於一切智根 無邊廣大根 一切圓滿根 清淨無礙根
以無着無縛解脫心 修普賢行 得一切菩薩神力 所謂無量
廣大力神力 無量自在智神力 不動其身 普現一切佛刹神力
無礙不斷自在神力 普攝一切佛刹 置於一處神力 一身 遍
滿一切佛刹神力 無礙解脫遊戲神力 無所作一念自在神力
住無性無依神力

일체 여래의 지혜 광명으로 비추는 금강염(金剛焰)의 근과 일체 모든 근을 분별함에 자재한 근과 한량없는 중생을 일체 지혜에 안립하는 근과 끝없이 광대한 근과 일체 원만한 근과 청정하여 걸림이 없는 근을 얻는다.

집착이 없고 얽힘이 없는 해탈의 마음으로 보현의 행을 닦아서 일체 보살의 위신력을 얻으니, 한량없이 광대한 힘의 위신력과 한량없이 자재한 지혜의 위신력과 그 몸을 움직이지 않고 일체 부처님세계에 널리 나타내는 위신력과 걸림 없고 끊어짐이 없이 자재한 위신력과 일체 부처님세계를 널리 거두어 한 곳에 두는 위신력과 온통인 몸이 일체 부처님세계에 두루 가득한 위신력과 걸림 없는 해탈로 유희하는 위신력과 지음이 없는 온통인 생각으로 자재한 위신력과 성품이라 할 것도 없고 의지할 것마저도 없는 데 머무는 위신력과

一毛孔中 次第安立不可說世界 遍遊法界諸佛道場 示諸
衆生 皆令得入大智慧門神力 以無着無縛解脫心 入普賢
門 生菩薩行 以自在智 於一念頃 普入無量諸佛國土 一身
容受無量佛刹 獲能嚴淨佛國土智 恒以智慧 觀見無邊諸
佛國土 永不發起二乘之心 以無着無縛解脫心 修普賢方
便行 入智慧境界 生如來家 住菩薩道 具足不可說不可說
無量不思議殊勝心 行無量願 未曾休息 了知三世一切法
界

한 털구멍에 불가설 수의 세계를 차례로 안립하고 법계의 모든 부처님 도량에 두루 다니면서 모든 중생에게 보여 모두로 하여금 큰 지혜의 문에 들어가게 하는 위신력이다.

집착이 없고 얽힘이 없는 해탈의 마음으로 보현의 문에 들어가니, 보살의 행을 내어 자재한 지혜로 한 생각 사이에 한량없는 모든 불국토에 두루 들어가 온통인 몸에 한량없는 부처님세계를 받아들이고 불국토를 청정하게 장엄하는 지혜를 얻어 항상 지혜로써 끝없는 모든 불국토를 관하여 보아 영원히 이승(二乘)의 마음을 일으키지 않는다.

집착이 없고 얽힘이 없는 해탈의 마음으로 보현의 방편행을 닦으니, 지혜의 경계에 들어가 여래의 가문에 태어나서 보살의 도에 머물고 불가설불가설 수의 한량없고 부사의한 수승한 마음을 구족하여 한량없는 서원을 행하되 한번도 쉰 적이 없어서 삼세의 일체 법계를 밝게 안다.

以無着無縛解脫心 成就普賢淸淨法門 於一毛端量處 悉
包容盡虛空遍法界不可說不可說一切國土 皆使明見 如一
毛端量處 遍法界虛空界一一毛端量處 悉亦如是 以無着
無縛解脫心 成就普賢深心方便 於一念心中 現一衆生 不
可說不可說劫念心 如是乃至現一切衆生 爾許劫念心 以
無着無縛解脫心 入普賢廻向行方便地 於一身中 悉能包
納盡法界不可說不可說身 而衆生界 無所增減 如一身 乃
至周遍法界一切身 悉亦如是

집착이 없고 얽힘이 없는 해탈의 마음으로 보현의 청정한 법문을 성취하니, 한 털끝만 한 곳에 온 허공과 두루한 법계의 불가설불가설 수의 일체 국토를 다 포용하여 모두 밝게 보게 하고 한 털끝만 한 곳에서와 같이 두루한 법계와 허공계의 낱낱 털끝만 한 곳에서도 다 또한 이와 같다.

집착이 없고 얽힘이 없는 해탈의 마음으로 보현의 깊은 마음의 방편을 성취하니, 온통으로 생각하는 마음 가운데 한 중생의 불가설불가설 수의 겁에 생각하는 마음을 나타내고 이와 같이 또한 일체 중생의 그와 같은 겁에 생각하는 마음을 나타낸다.

집착이 없고 얽힘이 없는 해탈의 마음으로 보현의 회향하는 행과 방편의 경지에 들어가니, 온통인 몸 가운데 온 법계의 불가설불가설 수의 몸을 받아들여도 중생계는 늘어나거나 줄어듦이 없고 온통인 몸과 같이 더 나아가서 법계에 두루 가득한 일체 몸도 다 또한 이와 같다.

以無着無縛解脫心 成就普賢大願方便 捨離一切想倒心
倒見倒 普入一切諸佛境界 常見諸佛虛空界等清淨法身 相
好莊嚴 神力自在 常以妙音 開示演說 無礙無斷 令其聞者
如說受持 於如來身 了無所得 以無着無縛解脫心 修普賢
行 住菩薩地 於一念中 入一切世界 所謂入仰世界 覆世界
不可說不可說十方網一切處廣大世界 以因陀羅網分別方
便 普分別一切法界 以種種世界 入一世界

집착이 없고 얽힘이 없는 해탈의 마음으로 보현의 큰 서원과 방편을 성취하니, 일체 전도된 생각과 전도된 마음과 전도된 소견을 여의어 버려서 일체 모든 부처님의 경계에 널리 들어가고, 모든 부처님의 허공계와 같은 청정한 법신을 항상 보아 상호를 장엄하고 위신력으로 자재하며, 항상 묘한 음성으로써 널리 펴 설하여 열어 보이되 걸림 없고 끊어짐도 없어서 그를 듣는 이로 하여금 설함과 같이 받아 지니게 하지만 여래의 몸에는 조금도 얻은 바가 없다.

집착이 없고 얽힘이 없는 해탈의 마음으로 보현의 행을 닦아서 보살의 지위에 머물러 온통인 생각 가운데 일체 세계에 들어가니, 우러러 보는 세계와 엎어진 세계와 불가설 불가설 수의 시방의 그물인 일체 곳의 광대한 세계에 들어가고, 인다라망처럼 분별하는 방편으로써 일체 법계를 널리 분별하여 갖가지 세계로써 온통인 세계에 들어가며,

以不可說不可說無量世界 入一世界 以一切法界所安立無
量世界 入一世界 以一切虛空界所安立無量世界 入一世界
而亦不壞安立之相 悉令明見 以無着無縛解脫心 修習普
賢菩薩行願 得佛灌頂 於一念中 入方便地 成滿安住衆行
智寶 悉能了知一切諸想 所謂衆生想 法想 剎想 方想 佛
想 世想 業想 行想 界想 解想 根想 時想 持想 煩惱想
清淨想

불가설불가설 무량 수의 세계로써 온통인 세계에 들어가
고, 일체 법계에 안립한 무량 수의 세계로써 온통인 세계
에 들어가며, 일체 허공계에 안립한 무량 수의 세계로써
온통인 세계에 들어가되, 또한 안립한 상을 무너뜨리지
않고 다 밝게 보게 한다.

집착이 없고 얽힘이 없는 해탈의 마음으로 보현보살의
서원행을 닦아 익혀 부처님의 관정하심을 얻고 온통인
생각 가운데 방편의 지위에 들어가 온갖 행에 편안히 머
무는 지혜의 보배를 원만히 이루어 일체 모든 생각을 다
밝게 아니, 중생이라는 생각과 법이라는 생각과 세계라
는 생각과 방위라는 생각과 부처라는 생각과 세간이라는
생각과 업이라는 생각과 행이라는 생각과 경계라는 생각
과 깨닫는다는 생각과 근이라는 생각과 시간이라는 생각
과 지닌다는 생각과 번뇌라는 생각과 청정하다는 생각과

成熟想 見佛想 轉法輪想 聞法解了想 調伏想 無量想 出
離想 種種地想 無量地想 菩薩了知想 菩薩修習想 菩薩
三昧想 菩薩三昧起想 菩薩成想 菩薩壞想 菩薩歿想 菩
薩生想 菩薩解脫想 菩薩自在想 菩薩住持想 菩薩境界想
劫成壞想 明想 闇想 晝想 夜想 半月一月一時一歲變異想
去想 來想 住想 坐想 睡想 覺想 如是等想 於一念中 悉
能了知 而離一切想

성숙하다는 생각과 부처님을 본다는 생각과 법륜을 굴린다는 생각과 법을 듣고 분명하게 안다는 생각과 조복한다는 생각과 무한하다는 생각과 세간을 벗어난다는 생각과 갖가지 지위라는 생각과 무한한 지위라는 생각과 보살의 밝게 아는 생각과 보살의 닦아 익힌다는 생각과 보살의 삼매라는 생각과 보살의 삼매에서 일어난다는 생각과 보살의 이룬다는 생각과 보살의 무너뜨린다는 생각과 보살의 다한다는 생각과 보살의 산다는 생각과 보살의 해탈한다는 생각과 보살의 자재한다는 생각과 보살의 머물러 지닌다는 생각과 보살의 경계라는 생각과 겁이 이루어지고 무너진다는 생각과 밝다는 생각과 어둡다는 생각과 낮이라는 생각과 밤이라는 생각과 반달, 한 달, 한 시간, 한 해가 변하고 달라진다는 생각과 간다는 생각과 온다는 생각과 머문다는 생각과 앉는다는 생각과 잠잔다는 생각과 깬다는 생각이다. 이와 같은 등의 생각을 온통인 생각 가운데 다 밝게 알아서 일체 생각을 여의어

無所分別 斷一切障 無所執着 一切佛智 充滿其心 一切
佛法 長其善根 與諸如來 等同一身 一切諸佛之所攝取 離
垢淸淨 一切佛法 皆隨修學 到於彼岸 以無着無縛解脫心
爲一切衆生 修普賢行 生大智寶 於一一心中 知無量心 隨
其依止 隨其分別 隨其種性 隨其所作 隨其業用 隨其相
狀 隨其思覺 種種不同 靡不明見

분별함이 없고, 일체 장애가 끊어져서 집착함이 없으며, 일체 부처님의 지혜가 그 마음에 가득하여 일체 불법으로 그 선근을 기르고, 모든 여래와 더불어 평등하여 한 몸과 같으며, 일체 모든 부처님의 거두어 주심으로 때를 여의어 청정하고, 일체 불법을 모두 따라 닦고 배워서 피안에 이르른다.

집착이 없고 얽힘이 없는 해탈의 마음으로 일체 중생을 위하여 보현의 행을 닦아 큰 지혜의 보배를 내어 낱낱의 마음 가운데 한량없는 마음을 아니, 그 의지함을 따르고, 그 분별함을 따르며, 그 종자 성품을 따르고, 그 짓는 바를 따르며, 그 업의 씀을 따르고, 그 형상을 따르며, 그 생각을 따라 갖가지의 같지 않음을 밝게 보지 못함이 없다.

以無着無縛解脫心 成就普賢大願智寶 於一處中 知於無
量不可說處 如於一處 於一切處 悉亦如是 以無着無縛解
脫心 修習普賢行業智地 於一業中 能知無量不可說不可說
業 其業 各以種種緣造 明了知見 如於一業 於一切業 悉
亦如是 以無着無縛解脫心 修習普賢知諸法智 於一法中
知不可說不可說法 於一切法中 而知一法 如是諸法 各各
差別 無有障礙 無違無着

집착이 없고 얽힘이 없는 해탈의 마음으로 보현의 큰 서원과 지혜의 보배를 성취하니, 한 곳에서 무량 불가설 수의 곳을 알고 한 곳에서와 같이 일체 곳에서도 다 또한 이와 같다.

 집착이 없고 얽힘이 없는 해탈의 마음으로 보현행의 업과 지혜의 지위를 닦아 익히니, 한 업 가운데 무량 불가설불가설 수의 업을 알고 그 업이 각각 갖가지 인연으로 된 것임을 분명히 보고 알며 한 업에서와 같이 일체 업에서도 다 또한 이와 같다.

 집착이 없고 얽힘이 없는 해탈의 마음으로 보현의 모든 법을 아는 지혜를 닦아 익히니, 한 법 가운데 불가설불가설 수의 법을 알고 일체 법 가운데 온통인 법을 알면 이와 같은 모든 법을 각각 차별하지만 장애도 없고 어김도 없고 집착도 없다.

以無着無縛解脫心 住菩薩行 得具普賢無礙耳根 於一言
音中 知不可說不可說言音 無量無邊種種差別 而無所着
如於一言音 於一切言音 悉亦如是 以無着無縛解脫心 修
普賢智 起普賢行 住普賢地 於一一法中 演說不可說不可
說法 其法廣大 種種差別 教化攝受 不可思議方便相應
於無量時 於一切時 隨諸衆生 所有欲解 隨根隨時 以佛
音聲 而爲說法 以一妙音 令不可說道場衆會無量衆生 皆
悉歡喜 一切如來所 無量菩薩 充滿法界

집착이 없고 얽힘이 없는 해탈의 마음으로 보살의 행에 머물러 보현의 걸림 없는 귀의 근을 갖추니, 온통인 음성 가운데 불가설불가설 수의 음성을 알고 무량 무변 수의 갖가지 차별에 집착함이 없으며 온통인 음성에서와 같이 일체 음성에서도 다 또한 이와 같다.

　집착이 없고 얽힘이 없는 해탈의 마음으로 보현의 지혜를 닦고 보현의 행을 일으켜 보현의 지위에 머무르니, 낱낱의 법 가운데 불가설불가설 수의 법을 널리 펴 설하고, 그 법이 광대하여서 갖가지로 차별되어 교화하고 거두어 주는 불가사의한 방편과 서로 응하며, 한량없는 때와 일체 때에 모든 중생이 알고자 하는 바를 따르고 근을 따르며 때를 따라서 부처님의 음성으로 법을 설하고, 한 묘한 음성으로써 불가설 수의 도량에 모인 대중과 한량없는 중생을 모두 환희하게 하고 일체 여래의 처소에 한량없는 보살이 법계에 가득하게 하며,

立殊勝志 生廣大見 究竟了知一切諸行 住普賢地 隨所說
法 於念念中 悉能證入 一刹那頃 增長無量不可說不可說
大智慧聚 盡未來劫 如是演說 於一切刹 修習廣大虛空等
行 成就圓滿 以無着無縛解脫心 修習普賢諸根行門 成大
行王 於一一根中 悉能了知無量諸根 無量心樂 不思議境
界 所生妙行 以無着無縛解脫心 住普賢行大迴向心 得色
甚微細智 身甚微細智 刹甚微細智 劫甚微細智 世甚微細
智 方甚微細智

수승한 뜻을 세워 광대한 지견을 내어 구경의 일체 모든 행을 밝게 알아서 보현의 지위에 머물러 설하는 법을 따라 생각마다 모두 증득하여 들어가 일찰나 사이에 무량 불가설불가설 수의 큰 지혜 무더기를 더욱 더하고, 미래 겁이 다하도록 이와 같이 널리 펴 설하여 일체 세계에서 광대한 허공과 평등한 행을 닦아 익혀 원만하게 성취한다.

집착이 없고 얽힘이 없는 해탈의 마음으로 보현의 모든 근의 행하는 문을 닦아 익혀 큰 행의 왕을 이루니, 낱낱의 근 가운데 한량없는 모든 근과 한량없는 마음의 즐거움과 부사의한 경계로 내는 묘한 행을 분명히 다 안다.

집착이 없고 얽힘이 없는 해탈의 마음으로 보현행의 크게 회향하는 마음에 머무르니, 색에 대한 매우 미세한 지혜와 몸에 대한 매우 미세한 지혜와 세계에 대한 매우 미세한 지혜와 겁에 대한 매우 미세한 지혜와 세간에 대한 매우 미세한 지혜와 방위에 대한 매우 미세한 지혜와

時甚微細智 數甚微細智 業報甚微細智 清淨甚微細智 如
是等一切甚微細 於一念中 悉能了知 而心不恐怖 心不迷
惑 不亂不散 不濁不劣 其心一緣 心善寂定 心善分別 心
善安住 以無着無縛解脫心 住菩薩智 修普賢行 無有懈倦
能知一切衆生趣甚微細 衆生死甚微細 衆生生甚微細 衆
生住甚微細 衆生處甚微細 衆生品類甚微細 衆生境界甚
微細 衆生行甚微細

시간에 대한 매우 미세한 지혜와 수(數)에 대한 매우 미세한 지혜와 업보에 대한 매우 미세한 지혜와 청정함에 대한 매우 미세한 지혜를 얻는다.

이와 같은 등 일체의 매우 미세함을 온통인 생각 가운데 모두 밝게 알아 마음이 두렵지 않으니, 마음이 미혹되지 않고 어지럽지 않으며 산란하지 않고 혼탁하지 않으며 용렬하지 않고 그 온통인 마음으로 반연하여서 마음이 잘 적정*하고, 마음이 잘 분별하며, 마음이 잘 안주한다.

집착이 없고 얽힘이 없는 해탈의 마음으로 보살의 지혜에 머물러 보현의 행을 닦되 게으름이 없으니, 일체 중생 취가 매우 미세함과 중생의 죽음이 매우 미세함과 중생의 태어남이 매우 미세함과 중생의 삶이 매우 미세함과 중생의 처소가 매우 미세함과 중생의 종류가 매우 미세함과 중생의 경계가 매우 미세함과 중생의 행이 매우 미세함과

衆生取甚微細　衆生攀緣甚微細　如是等一切甚微細　於一
念中　悉能了知　以無着無縛解脫心　立深志樂　修普賢行　知
一切菩薩　從初發心　爲一切衆生　修菩薩行甚微細　菩薩住
處甚微細　菩薩神通甚微細　菩薩遊行無量佛刹甚微細　菩
薩法光明甚微細　菩薩清淨眼甚微細　菩薩成就殊勝心甚
微細　菩薩往詣一切如來道場衆會甚微細　菩薩陀羅尼門智
甚微細　菩薩無量無畏地一切辯才藏演說甚微細　菩薩無
量三昧相甚微細

중생의 취함이 매우 미세함과 중생의 반연함이 매우 미세함을 잘 알아 이와 같은 등 일체의 매우 미세함을 온통인 생각 가운데 모두 밝게 안다.

집착이 없고 얽힘이 없는 해탈의 마음으로 깊은 뜻의 즐거움을 세우고 보현의 행을 닦으니, 일체 보살이 처음 발심함으로부터 일체 중생을 위하여 보살의 행을 닦음이 매우 미세함과 보살의 머무는 곳이 매우 미세함과 보살의 신통이 매우 미세함과 보살의 한량없는 부처님세계에 다님이 매우 미세함과 보살의 법 광명이 매우 미세함과 보살의 청정한 눈이 매우 미세함과 보살의 수승한 마음을 성취함이 매우 미세함과 보살의 일체 여래의 대중이 모인 도량에 이르름이 매우 미세함과 보살의 다라니문 지혜가 매우 미세함과 보살의 한량없고 두려움 없는 경지에서 일체 변재의 보배장으로 널리 펴 설함이 매우 미세함과 보살의 한량없는 삼매의 상이 매우 미세함과

菩薩見一切佛三昧智甚微細 菩薩甚深三昧智甚微細 菩薩大莊嚴三昧智甚微細 菩薩法界三昧智甚微細 菩薩大自在神通三昧智甚微細 菩薩盡未來際廣大行住持三昧智甚微細 菩薩出生無量差別三昧智甚微細 菩薩 出生一切諸佛前 勤修供養 恒不捨離 三昧智甚微細 菩薩 修行一切甚深廣博無障無礙三昧智甚微細 菩薩 究竟一切智地 住持行智地 大神通地 決定義地 離翳三昧智甚微細 如是等一切甚微細 悉能了知

보살의 일체 부처님을 보는 삼매의 지혜가 매우 미세함
과 보살의 매우 깊은 삼매의 지혜가 매우 미세함과 보살
의 크게 장엄하는 삼매의 지혜가 매우 미세함과 보살의
법계삼매의 지혜가 매우 미세함과 보살의 크게 자재한
신통삼매의 지혜가 매우 미세함과 보살의 미래제가 다
하도록 광대한 행에 머물러 지키는 삼매의 지혜가 매우
미세함과 보살의 한량없이 차별을 내는 삼매의 지혜가
매우 미세함과 보살의 일체 모든 부처님 앞에 나서 부지
런히 닦고 공양하여 항상 여의어 버리지 않는 삼매의 지
혜가 매우 미세함과 보살의 일체 심히 깊고 넓으며 막힘
없고 걸림 없는 삼매를 닦아 행하는 지혜가 매우 미세함
과 보살의 구경의 일체 지혜의 지위와 행을 주관하는 지
혜의 지위와 큰 신통의 지위와 결정한 이치의 지위로 가
림을 여읜 삼매의 지혜가 매우 미세함을 알아 이와 같은
등 일체의 매우 미세함을 모두 밝게 안다.

以無着無縛解脫心 修普賢行 悉知一切菩薩安立智甚微
細 菩薩地甚微細 菩薩無量行甚微細 菩薩出生廻向甚微
細 菩薩得一切佛藏甚微細 菩薩觀察智甚微細 菩薩神通
願力甚微細 菩薩演說三昧甚微細 菩薩自在方便甚微細
菩薩印甚微細 菩薩一生補處甚微細 菩薩生兜率天甚微
細 菩薩住止天宮甚微細 菩薩嚴淨佛國甚微細 菩薩觀察
人中甚微細 菩薩放大光明甚微細 菩薩種族殊勝甚微細

집착이 없고 얽힘이 없는 해탈의 마음으로 보현의 행을 닦으니, 일체 보살의 안립하는 지혜가 매우 미세함과 보살의 지위가 매우 미세함과 보살의 한량없는 행이 매우 미세함과 보살의 회향함을 냄이 매우 미세함과 보살의 일체 부처님의 보배장을 얻음이 매우 미세함과 보살의 관찰하는 지혜가 매우 미세함과 보살의 신통과 원력이 매우 미세함과 보살의 널리 펴 설하는 삼매가 매우 미세함과 보살의 자재한 방편이 매우 미세함과 보살의 인(印)이 매우 미세함과 보살의 일생보처*가 매우 미세함과 보살의 도솔천에 태어남이 매우 미세함과 보살의 천궁에 머무름이 매우 미세함과 보살의 부처님 국토를 청정하게 장엄함이 매우 미세함과 보살의 인간 세계를 관찰함이 매우 미세함과 보살의 큰 광명을 놓음이 매우 미세함과 보살의 종족이 수승함이 매우 미세함과

菩薩道場衆會甚微細 菩薩遍一切世界受生甚微細 菩薩
於一身 示現一切身命終甚微細 菩薩 入母胎甚微細 菩
薩 住母胎甚微細 菩薩 在母胎中 自在示現一切法界道場
衆會甚微細 菩薩 在母胎中 示現一切佛神力甚微細 菩薩
示現誕生事甚微細 菩薩獅子遊行七步智甚微細 菩薩 示
處王宮巧方便智甚微細 菩薩 出家 修調伏行甚微細 菩薩
菩提樹下 坐道場甚微細 菩薩 破魔軍衆 成阿耨多羅三藐
三菩提甚微細 如來 坐菩提座放大光明 照十方界甚微細

보살의 도량에 모인 대중이 매우 미세함과 보살의 일체 세계에 두루 태어남이 매우 미세함과 보살의 온통인 몸에 일체 몸의 목숨 마침을 나타내 보임이 매우 미세함과 보살의 모태에 들어감이 매우 미세함과 보살의 모태에 머무름이 매우 미세함과 보살의 모태 가운데 일체 법계의 도량에 모인 대중을 자재하게 나타내 보임이 매우 미세함과 보살의 모태 가운데 일체 부처님의 위신력을 나타내 보임이 매우 미세함과 보살의 탄생하는 일을 나타내 보임이 매우 미세함과 보살의 사자처럼 일곱 걸음을 거니는 지혜가 매우 미세함과 보살의 왕궁에 사는 것을 보이는 공교한 방편의 지혜가 매우 미세함과 보살의 출가하여 조복하는 행을 닦음이 매우 미세함과 보살의 보리수 아래의 도량에 앉음이 매우 미세함과 보살의 마군의 무리를 깨뜨리고 아뇩다라삼먁삼보리를 이룸이 매우 미세함과 여래의 보리좌에 앉아서 큰 광명을 놓아 시방세계를 비춤이 매우 미세함과

如來示現無量神變甚微細　如來獅子吼大涅槃甚微細　如
來調伏一切衆生　而無所礙甚微細　如來不思議自在力如金
剛菩提心甚微細　如來普護念一切世間境界甚微細　如來普
於一切世界　施作佛事　盡未來劫　而無休息甚微細　如來無
礙神力周遍法界甚微細　如來於盡虛空界一切世間　普現成
佛　調伏衆生甚微細　如來於一佛身　現無量佛身甚微細　如
來於去來今三世中　皆處道場自在智甚微細　如是等一切微
細　悉能了知　成就清淨　普能示現一切世間

여래의 한량없는 신통변화을 나타내 보임이 매우 미
세함과 여래의 대열반의 사자후가 매우 미세함과 여
래의 일체 중생을 조복시키되 걸림 없음이 매우 미세
함과 여래의 부사의하고 자재한 힘과 금강과 같은 보
리심이 매우 미세함과 여래의 일체 세간의 경계를 두
루 보호하여 생각함이 매우 미세함과 여래의 일체 세계
에서 불사를 널리 베풀되 미래겁이 다하도록 쉬지 않
음이 매우 미세함과 여래의 걸림 없는 위신력으로 법
계에 두루 가득함이 매우 미세함과 여래의 온 허공계
의 일체 세간에서 부처를 이룸을 널리 나타내어 중생
을 조복시킴이 매우 미세함과 여래의 한 부처님의 몸
에 한량없는 부처님의 몸을 나타냄이 매우 미세함
과 여래의 과거·미래·현재의 삼세 가운데 모두 도
량에 계시는 자재한 지혜가 매우 미세함을 모두 알
아 이와 같은 등 일체의 미세함을 다 밝게 안다. 청
정함을 성취하여 일체 세간에 널리 나타내 보이고,

於念念中 增長智慧 圓滿不退 善巧方便 修菩薩行 無有休
息 成就普賢廻向之地 具足一切如來功德 永不厭捨菩薩
所行 出生菩薩現前境界 無量方便 皆悉淸淨 普欲安隱一
切衆生 修菩薩行 成就菩薩大威德地 得諸菩薩心之樂欲
獲金剛幢廻向之門 出生法界諸功德藏 常爲諸佛之所護念
入諸菩薩 深妙法門 演說一切眞實之義 於法 善巧 無所
違失 起大誓願 不捨衆生 於一念中 盡知一切心 非心地
境界之藏 於非心處 示生於心 遠離語言 安住智慧 同諸
菩薩所行之行

생각마다 지혜를 더욱 더하여서 원만하여 물러남이 없으며, 선교방편으로 보살의 행을 닦되 쉼이 없고, 보현의 회향하는 지위를 성취하여 일체 여래의 공덕을 구족하되 보살의 행할 바를 영원히 싫어하거나 버리지 않아 보살의 현전(現前)* 경계를 내며, 한량없는 방편을 다 청정히 하여 널리 일체 중생을 편안하게 하고자 하고, 보살행을 닦아서 보살의 큰 위덕의 경지를 성취하여 모든 보살의 마음의 욕락을 얻고 금강당보살의 회향하는 문을 얻어 법계의 모든 공덕의 보배장을 내어서 항상 모든 부처님의 호념하시는 바가 되며, 모든 보살의 깊고 묘한 법문에 들어가 일체 참답고 실다운 뜻을 널리 펴 설하되 법에 공교하여 어기거나 잃는 바가 없어서 큰 서원을 일으켜 중생을 버리지 않고, 온통인 생각 가운데 일체 마음과 마음 바탕이 아닌 경계의 보배장까지 다 알아서 마음이 아닌 곳에 마음 냄을 보이며, 말을 멀리 여의어 지혜에 편안히 머물러서 모든 보살의 행하는 행과 같이 하여

以自在力 示成佛道 盡未來際 常無休息 一切世間 衆生劫
數 妄想言說之所建立 神通願力 悉能示現 以無着無縛解
脫心 修普賢行 得一切衆生界甚微細智 所謂衆生界分別
甚微細智 衆生界言說甚微細智 衆生界執着甚微細智 衆
生界異類甚微細智 衆生界同類甚微細智 衆生界無量趣甚
微細智 衆生界不思議種種分別所作甚微細智 衆生界無量
雜染甚微細智 衆生界無量清淨甚微細智 如是等一切衆
生界境界甚微細 於一念中 能以智慧 皆如實知 廣攝衆生
而爲說法

자재한 힘으로써 성불의 도를 보이되 미래제가 다하도록 항상 쉼이 없고, 일체 세간과 중생과 겁의 수를 망령된 생각과 말로 건립함을 신통과 원력으로 모두 나타내 보인다.

집착이 없고 얽힘이 없는 해탈의 마음으로 보현의 행을 닦아서 일체 중생계의 매우 미세한 지혜를 얻으니, 중생계의 분별에 매우 미세한 지혜와 중생계의 말에 매우 미세한 지혜와 중생계의 집착에 매우 미세한 지혜와 중생계의 이류(異類)*에 매우 미세한 지혜와 중생계의 동류(同類)*에 매우 미세한 지혜와 중생계의 한량없는 취에 매우 미세한 지혜와 중생계의 부사의한 갖가지 분별로 짓는 것에 매우 미세한 지혜와 중생계의 한량없는 번뇌〔雜染〕에 매우 미세한 지혜와 중생계의 한량없이 청정함에 매우 미세한 지혜이다. 이와 같은 등의 일체 중생계의 경계가 매우 미세함을 온통인 생각 가운데 지혜로 모두 여실히 알아서 중생들을 널리 거두어 법을 설하고,

開示種種淸淨法門 令修菩薩廣大智慧 化身無量 見者歡
喜 以智日光 照菩薩心 令其開悟 智慧自在 以無着無縛解
脫心 爲一切衆生 於一切世界 修普賢行 得盡虛空界法界
一切世界甚微細智 所謂小世界甚微細智 大世界甚微細智
雜染世界甚微細智 淸淨世界甚微細智 無比世界甚微細
智 種種世界甚微細智 廣世界甚微細智 狹世界甚微細智
無礙莊嚴世界甚微細智 遍一切世界佛出現甚微細智

갖가지 청정한 법문을 열어 보여 보살의 광대한 지혜를 닦게 하며, 화한 몸이 한량없어 보는 이가 환희하여 지혜의 태양으로 보살의 마음을 비추어서 그들로 하여금 깨닫게 하여 지혜를 자재하게 한다.

집착이 없고 얽힘이 없는 해탈의 마음으로 일체 중생을 위하여 일체 세계에서 보현의 행을 닦아 온 허공계와 법계의 일체 세계에 매우 미세한 지혜를 얻으니, 작은 세계의 매우 미세한 지혜와 큰 세계의 매우 미세한 지혜와 번뇌 세계의 매우 미세한 지혜와 청정한 세계의 매우 미세한 지혜와 비할 바 없는 세계의 매우 미세한 지혜와 갖가지 세계의 매우 미세한 지혜와 넓은 세계의 매우 미세한 지혜와 좁은 세계의 매우 미세한 지혜와 걸림 없이 장엄한 세계의 매우 미세한 지혜와 두루한 일체 세계에 부처님께서 출현하심이 매우 미세한 지혜와

遍一切世界說正法甚微細智　遍一切世界普現身甚微細智
遍一切世界放大光明甚微細智　盡一切世界示現諸佛自在
神通甚微細智　盡一切世界以一音聲　示一切音甚微細智
入一切世界一切佛刹道場衆會甚微細智　以一切法界佛刹
作一佛刹甚微細智　以一佛刹　作一切法界佛刹甚微細智
知一切世界如夢甚微細智　知一切世界如像甚微細智　知一
切世界如幻甚微細智　如是了知　出生一切菩薩之道

두루한 일체 세계에 정법을 설하는 매우 미세한 지혜
와 두루한 일체 세계에 몸을 나타내는 매우 미세한 지
혜와 두루한 일체 세계에 큰 광명을 놓는 매우 미세
한 지혜와 온 일체 세계에 모든 부처님의 자재한 신통
을 나타내 보이는 매우 미세한 지혜와 온 일체 세계
에 온통인 음성으로써 일체 음성을 보이는 매우 미세
한 지혜와 일체 세계에 일체 부처님세계의 도량에 모
인 대중에 들어가는 매우 미세한 지혜와 일체 법계
의 부처님세계로써 온통인 부처님세계를 짓는 매우 미
세한 지혜와 온통인 부처님세계로써 일체 법계의 부
처님세계를 짓는 매우 미세한 지혜와 일체 세계가 꿈
과 같음을 아는 매우 미세한 지혜와 일체 세계가 본
뜬 형상[像]과 같음을 아는 매우 미세한 지혜와 일
체 세계가 환(幻)과 같음을 아는 매우 미세한 지혜이
다. 이와 같이 분명하게 알아서 일체 보살의 도를 내어

入普賢行智慧神通 具普賢觀 修菩薩行 常無休息 得一切
佛自在神變 具無礙身 住無依智 於諸善法 無所取着 心之
所行 悉無所得 於一切處 起遠離想 於菩薩行 起淨修想
於一切智 無取着想 以諸三昧 而自莊嚴 智慧隨順一切法
界 以無着無縛解脫心 入普賢菩薩行門 得無量法界甚微
細智 演說一切法界甚微細智 入廣大法界甚微細智

보현의 행과 지혜와 신통에 들어가 보현의 관함을 갖추어서 보살의 행을 닦음에 항상 쉼이 없고, 일체 부처님의 자재한 신통변화를 얻어서 걸림 없는 몸을 갖추고 의지함이 없는 지혜에 머물며 모든 착한 법에 취하여 집착함이 없고 마음이 행하는 바에 모두 얻은 바가 없으며, 일체 곳에서 멀리 여읜다는 생각을 일으키고 보살의 행으로 깨끗이 닦는다는 생각을 일으키며 일체 지혜에 취하여 집착하는 생각이 없어 모든 삼매로써 스스로를 장엄하여 지혜로 일체 법계를 수순한다.

집착이 없고 얽힘이 없는 해탈의 마음으로 보현보살의 행의 문에 들어가니, 한량없는 법계의 매우 미세한 지혜와 일체 법계를 널리 펴서 설하는 매우 미세한 지혜와 광대한 법계에 들어가는 매우 미세한 지혜와

分別不思議法界甚微細智 分別一切法界甚微細智 一念
遍一切法界甚微細智 普入一切法界甚微細智 知一切法界
無所得甚微細智 觀一切法界無所礙甚微細智 知一切法
界無有生甚微細智 於一切法界 現神變甚微細智 如是等
一切法界甚微細 以廣大智 皆如實知 於法自在 示普賢行
令諸衆生 皆悉滿足 不捨於義 不着於法 出生平等無礙之
智 知無礙本 不住一切法 不壞諸法性 如實無染 猶若虛
空 隨順世間 起於言說

부사의한 법계를 분별하는 매우 미세한 지혜와 일체 법계를 분별하는 매우 미세한 지혜와 온통인 생각으로 일체 법계에 두루 하는 매우 미세한 지혜와 일체 법계에 널리 들어가는 매우 미세한 지혜와 일체 법계의 얻은 바 없음을 아는 매우 미세한 지혜와 일체 법계의 걸림 없음을 관하는 매우 미세한 지혜와 일체 법계의 남[生]이 없음을 아는 매우 미세한 지혜와 일체 법계에 신통변화를 나타내는 매우 미세한 지혜를 얻는다. 이와 같은 등 일체 법계의 매우 미세함을 광대한 지혜로써 모두 여실히 아니, 법에 자재하여 보현의 행을 보여서 모든 중생으로 하여금 다 만족하게 하고, 이치를 버리지도 않고 법에 집착하지도 않아서 평등하고 걸림 없는 지혜를 내며, 걸림 없는 근본을 알아 일체 법에 머무르지도 않고 모든 법성을 무너뜨리지도 않으며 여실하여 물들지 않음이 마치 허공과 같아 세간을 따라서 말로 설함을 일으키고,

開眞實義 示寂滅性 於一切境 無依無住 無有分別 明見法
界 廣大安立 了諸世間 及一切法 平等無二 離一切着 以
無着無縛解脫心 修普賢行 生諸劫甚微細智 所謂以不可
說劫 爲一念甚微細智 以一念 爲不可說劫甚微細智 以阿
僧祇劫 入一劫甚微細智 以一劫 入阿僧祇劫甚微細智 以
長劫 入短劫甚微細智 以短劫 入長劫甚微細智 入有佛劫
無佛劫甚微細智 知一切劫數甚微細智 知一切劫非劫甚
微細智

참답고 실다운 이치를 열어서 적멸한 성품을 보여 일체
경계에 의지함도 없고 머무름도 없으며 분별함도 없어,
법계의 광대한 안립을 밝게 보고 모든 세간과 일체 법이
평등하여 두가지가 없음을 깨달아 일체 집착을 여읜다.

　집착이 없고 얽힘이 없는 해탈의 마음으로 보현의 행
을 닦아 모든 겁에 매우 미세한 지혜를 내니, 불가설 수
의 겁으로써 한 생각을 삼는 매우 미세한 지혜와 한 생
각으로써 불가설 수의 겁을 삼는 매우 미세한 지혜와 아
승기 수의 겁으로써 일 겁에 드는 매우 미세한 지혜와
일 겁으로써 아승기 수의 겁에 드는 매우 미세한 지혜와
긴 겁으로써 짧은 겁에 드는 매우 미세한 지혜와 짧은
겁으로써 긴 겁에 드는 매우 미세한 지혜와 부처님께서
계시는 겁이나 부처님께서 계시지 않는 겁에 드는 매우
미세한 지혜와 일체 겁의 수를 아는 매우 미세한 지혜
와 일체 겁과 겁이 아닌 것을 아는 매우 미세한 지혜와

一念中　見三世一切劫甚微細智　如是等一切諸劫甚微細
以如來智　於一念中　皆如實知　得諸菩薩圓滿行王心　入普
賢行心　離一切分別異道戱論心　發大願無懈息心　普見無
量世界網　無量諸佛充滿心　於諸佛善根諸菩薩行　能聞持
心　於安慰一切衆生廣大行　聞已不忘心　能於一切劫　現佛
出世心　於一一世界　盡未來際　行不動行無休息心　於一切
世界中　以如來身業　充滿菩薩身心

온통인 생각 가운데 삼세의 일체 겁을 보는 매우 미세한 지혜이다. 이와 같은 등 일체의 모든 겁의 매우 미세함을 여래의 지혜로써 온통인 생각 가운데 모두 여실히 아니, 모든 보살의 원만한 행을 제일로 하는 마음과 보현의 행에 들어가는 마음과 일체를 분별하는 외도의 희론을 여의는 마음과 대원을 발하여 게으르지 않은 마음과 한량없는 세계 그물에 한량없는 모든 부처님이 가득함을 널리 보는 마음과 모든 부처님의 선근과 모든 보살의 행을 듣고 지니는 마음과 일체 중생을 편안히 위로하는 광대한 행을 듣고서 잊지 않는 마음과 일체 겁에 부처님께서 세상에 출현하심을 나타내는 마음과 낱낱 세계에서 미래제가 다하도록 부동(不動)의 행을 행함에 쉬지 않는 마음과 일체 세계 가운데 여래 몸의 업으로써 보살의 몸과 마음이 충만함을 얻는다.

以無着無縛解脫心 修普賢行 成不退轉 得一切法甚微細
智 所謂甚深法甚微細智 廣大法甚微細智 種種法甚微細
智 莊嚴法甚微細智 一切法無有量甚微細智 一切法 入一
法甚微細智 一法 入一切法甚微細智 一切法 入非法甚微
細智 無法中 安立一切法 而不相違甚微細智 入一切佛法
方便無有餘甚微細智 如是等一切世界一切言說所安立法
諸微細智 與彼同等 其智無礙 皆如實知 得入無邊法界心
於一一法界 深心堅住 成無礙行

집착이 없고 얽힘이 없는 해탈의 마음으로 보현의 행을 닦아서 퇴전하지 않으면 일체 법에 매우 미세한 지혜를 얻으니, 심히 깊은 법에 매우 미세한 지혜와 광대한 법에 매우 미세한 지혜와 갖가지 법에 매우 미세한 지혜와 장엄한 법에 매우 미세한 지혜와 일체 법이 한량없음에 매우 미세한 지혜와 일체 법이 온통인 법에 들어가는 매우 미세한 지혜와 온통인 법이 일체 법에 들어가는 매우 미세한 지혜와 일체 법이 법 아님에 들어가는 매우 미세한 지혜와 법이 없는 가운데 일체 법을 안립하되 서로 어기지 않는 매우 미세한 지혜와 일체 불법의 방편에 들어가서 남음이 없는 매우 미세한 지혜이다. 이와 같은 등 일체의 세계에 일체의 말로 안립한 법의 모든 미세한 지혜는 그것과 동등하고 그 지혜가 걸림 없어 모두 여실히 아니, 끝없는 법계에 들어가는 마음을 얻어서 낱낱 법계에 깊은 마음으로 굳게 머물러 걸림 없는 행을 이루고,

以一切智 充滿諸根 入諸佛智正念方便 成就諸佛廣大功德 遍滿法界 普入一切諸如來身 現諸菩薩所有身業 隨順一切世界言辭 演說於法 得一切佛神力所加 智慧意業 出生無量善巧方便 分別諸法薩婆若智 以無着無縛解脫心修普賢行 出生一切甚微細智 所謂知一切刹甚微細智 知一切衆生甚微細智 知一切法果報甚微細智 知一切衆生心甚微細智 知一切說法時甚微細智 知一切法界甚微細智 知一切盡虛空界三世甚微細智 知一切語言道甚微細智

일체 지혜로써 모든 근이 충만하여서 모든 부처님의 지혜로 바른 생각의 방편에 들어가 모든 부처님의 광대한 공덕을 성취하여 법계에 두루 가득히 하며, 일체 모든 여래의 몸에 널리 들어가서 모든 보살의 몸의 업을 나타내어 일체 세계의 언사를 따라 법을 널리 펴 설하고, 일체 부처님의 위신력을 더한 지혜로운 뜻의 업으로 한량없는 선교 방편을 내어 모든 법을 분별하는 살바야 지혜를 얻는다.

집착이 없고 얽힘이 없는 해탈의 마음으로 보현의 행을 닦아서 일체 매우 미세한 지혜를 내니, 일체 세계를 아는 매우 미세한 지혜와 일체 중생을 아는 매우 미세한 지혜와 일체 법의 과보를 아는 매우 미세한 지혜와 일체 중생의 마음을 아는 매우 미세한 지혜와 일체 법을 설할 때를 아는 매우 미세한 지혜와 일체 법계를 아는 매우 미세한 지혜와 일체 온 허공계의 삼세를 아는 매우 미세한 지혜와 일체 언어의 도를 아는 매우 미세한 지혜와

知一切世間行甚微細智 知一切出世行甚微細智 乃至知一
切如來道一切菩薩道一切衆生道 甚微細智 修菩薩行 住
普賢道 若文若義 皆如實知 生如影智 生如夢智 生如幻
智 生如響智 生如化智 生如空智 生寂滅智 生一切法界
智 生無所依智 生一切佛法智 佛子 菩薩摩訶薩 以無着
無縛解脫心廻向 不分別若世間 若世間法 不分別若菩提
若菩提薩埵 不分別若菩薩行 若出離道 不分別若佛 若一
切佛法 不分別若調伏衆生 若不調伏衆生 不分別若善根
若廻向

일체 세간의 행을 아는 매우 미세한 지혜와 일체 세간을 벗어난 행을 아는 매우 미세한 지혜이다. 더 나아가서 일체 여래의 도와 일체 보살의 도와 일체 중생의 도를 아는 매우 미세한 지혜로 보살의 행을 닦고 보현의 도에 머물러서 글과 이치를 모두 여실히 아니, 그림자와 같은 지혜를 내고, 꿈과 같은 지혜를 내며, 환과 같은 지혜를 내고, 메아리와 같은 지혜를 내며, 화한 것과 같은 지혜를 내고, 허공과 같은 지혜를 내며, 적멸한 지혜를 내고, 일체 법계의 지혜를 내며, 의지한 바 없는 지혜를 내고, 일체 불법의 지혜를 낸다.'라고 합니다.

불자들이여, 보살마하살이 집착이 없고 얽힘이 없는 해탈의 마음으로 회향하니, 세간과 세간법을 분별하지 않고, 보리와 보리살타를 분별하지 않으며, 보살의 행과 세간을 벗어난 도를 분별하지 않고, 부처님과 일체 불법을 분별하지 않으며, 중생을 조복시킴과 중생을 조복시키지 않음을 분별하지 않고, 선근과 회향을 분별하지 않으며,

不分別若自若他 不分別若施物 若受施者 不分別若菩薩
行 若等正覺 不分別若法若智 佛子 菩薩摩訶薩 以彼善
根 如是廻向 所謂心無着無縛解脫 身無着無縛解脫 口無
着無縛解脫 業無着無縛解脫 報無着無縛解脫 世間無着
無縛解脫 佛刹無着無縛解脫 衆生無着無縛解脫 法無着
無縛解脫 智無着無縛解脫

자신과 남을 분별하지 않고, 보시하는 물건과 보시 받는 이를 분별하지 않으며, 보살의 행과 등정각을 분별하지 않고, 법과 지혜를 분별하지도 않습니다.

불자들이여, 보살마하살이 저 선근으로써 이와 같이 회향하기를 '마음에 집착이 없고 얽힘이 없이 해탈하며, 몸에 집착이 없고 얽힘이 없이 해탈하며, 입에 집착이 없고 얽힘이 없이 해탈하며, 업에 집착이 없고 얽힘이 없이 해탈하며, 과보에 집착이 없고 얽힘이 없이 해탈하며, 세간에 집착이 없고 얽힘이 없이 해탈하며, 부처님 세계에 집착이 없고 얽힘이 없이 해탈하며, 중생에 집착이 없고 얽힘이 없이 해탈하며, 법에 집착이 없고 얽힘이 없이 해탈하며, 지혜에 집착이 없고 얽힘이 없이 해탈한다.'라고 합니다.

菩薩摩訶薩 如是廻向時 如三世諸佛 爲菩薩時 所修廻向
而行廻向 學過去諸佛廻向 成未來諸佛廻向 住現在諸佛
廻向 安住過去諸佛廻向道 不捨未來諸佛廻向道 隨順現
在諸佛廻向道 勤修過去諸佛敎 成就未來諸佛敎 了知現
在諸佛敎 滿足過去諸佛平等 成就未來諸佛平等 安住現
在諸佛平等 行過去諸佛境界 住未來諸佛境界 等現在諸
佛境界 得三世一切諸佛善根 具三世一切諸佛種性 住三
世一切諸佛所行 順三世一切諸佛境界

보살마하살이 이와 같이 회향할 때에 삼세 모든 부처님께서 보살로 계실 때에 닦으시던 회향과 같이 회향을 행하니, 과거 모든 부처님의 회향을 배우고 미래 모든 부처님의 회향을 이루며 현재 모든 부처님의 회향에 머무르고, 과거 모든 부처님의 회향의 도에 편안히 머무르며 미래 모든 부처님의 회향의 도를 버리지 않고 현재 모든 부처님의 회향의 도를 따르며, 과거 모든 부처님의 가르침을 부지런히 닦고 미래 모든 부처님의 가르침을 성취하며 현재 모든 부처님의 가르침을 밝게 알고, 과거 모든 부처님의 평등을 원만히 구족하며 미래 모든 부처님의 평등을 성취하고 현재 모든 부처님의 평등에 편안히 머무르며, 과거 모든 부처님의 경계를 행하고 미래 모든 부처님의 경계에 머무르며 현재 모든 부처님의 경계와 평등하고, 삼세 일체 모든 부처님의 선근을 얻으며 삼세 일체 모든 부처님의 종자 성품을 갖추고 삼세 일체 모든 부처님의 행하신 곳에 머무르며 삼세 일체 모든 부처님의 경계를 따릅니다.

佛子 是爲菩薩摩訶薩 第九無着無縛解脫心廻向 菩薩摩
訶薩 住此廻向時 一切金剛輪圍山 所不能壞 於一切衆生
中 色相第一 無能及者 悉能摧破諸魔邪業 普現十方一切
世界 修菩薩行 爲欲開悟一切衆生 以善方便 說諸佛法
得大智慧 於諸佛法 心無迷惑 在在生處 若行若住 常得
值遇不壞眷屬 三世諸佛 所說正法 以淸淨念 悉能受持
盡未來劫 修菩薩行 常不休息 無所依着 普賢行願 增長
具足 得一切智 施作佛事 成就菩薩 自在神通

불자들이여, 이것을 보살마하살의 아홉째 집착이 없고 얽힘이 없는 해탈의 마음으로 회향하는 것이라 합니다.

보살마하살이 이 회향에 머무를 때에 일체 금강륜위산이 무너뜨리지 못하며 일체 중생 가운데 색상이 제일이어서 미칠 이가 없어 모든 마의 삿된 업을 다 꺾어 깨뜨려 시방 일체 세계에 널리 나타나고, 보살의 행을 닦아 일체 중생을 깨닫게 하고자 좋은 방편으로 모든 불법을 설하며, 큰 지혜를 얻어 모든 불법에 마음이 미혹함이 없어서 나는 곳마다 행하고 머묾에 항상 무너지지 않는 권속을 만나고, 삼세 모든 부처님께서 설하신 정법을 청정한 생각으로 다 받아 지녀 미래겁이 다하도록 보살의 행을 닦되 항상 쉬지 않고 의지함과 집착함이 없으며, 보현의 서원행을 구족함을 더욱 더하여 일체 지혜를 얻어서 불사를 베풀어 보살의 자재한 신통을 성취합니다.”

爾時 金剛幢菩薩 承佛神力 普觀十方 而說頌言

普於十方無等尊
未曾一起輕慢心
隨其所修功德業
亦復恭敬生尊重

所修一切諸功德
不爲自己及他人
恒以最上信解心
利益衆生故廻向

이때 금강당보살이 부처님의 위신력을 받아서 널리 시
방을 관하고 게송으로 말하였다.

　　시방의 부처님〔無等尊〕께
　　일찍이 교만한 마음 한 번도 낸 적 없고
　　닦으신 그 공덕과 업을 따라서
　　또한 공경하여 존중함을 내었네

　　닦은 일체 모든 공덕
　　자기나 다른 이를 위한다는 것도 없는 데서
　　항상 최상의 믿는 지혜의 마음으로
　　중생들을 이익 되게 하려 회향하네

未嘗暫起高慢心
亦復不生下劣意
如來所有身等業
彼悉請問勤修習

所修種種諸善根
悉爲利益諸含識
安住深心廣大解
廻向人尊功德位

世間所有無量別
種種善巧奇特事
麤細廣大及甚深
靡不修行皆了達

일찍이 잠시도 거만한 마음을 일으키지 않았고
하열한 생각도 또한 낸 적 없으며
여래의 갖추신 몸과 같은 업을
모두 물어서 부지런히 닦아 익히네

닦은 바의 갖가지 모든 선근은
다 모든 중생을 이익 되게 하기 위한 것이라
깊은 마음과 광대한 앎에 편히 머물러
부처님〔人尊〕의 공덕의 지위에 회향하네

세간에 한량없는 차별과
갖가지 공교롭고 기이한 일과
거칠고 미세함과 광대함과 매우 깊음을
모두 수행해서 밝게 통달하지 않음이 없네

世間所有種種身
以身平等入其中
於此修行得了悟
慧門成就無退轉

世間國土無量種
微細廣大仰覆別
菩薩能以智慧門
一毛孔中無不見

衆生心行無有量
能令平等入一心
以智慧門悉開悟
於所修行不退轉

세간에 갖가지 몸이 있으니
평등한 몸으로써 그 가운데 들어가
이와 같이 수행하여 밝게 깨달음을 얻고
지혜의 문을 성취하여서 퇴전함이 없네

세간의 국토의 종류가 한량없으니
미세함과 광대함과 우러르고 엎어짐이 다르나
보살이 지혜의 문으로써
한 털구멍 가운데 보지 못함이 없네

중생들의 마음의 행이 한량없으니
평등함으로 온통인 마음에 들게 하여
지혜의 문으로써 다 깨달아
수행하여 퇴전하지 않네

衆生諸根及欲樂
上中下品各不同
一切甚深難可知
隨其本性悉能了

衆生所有種種業
上中下品各差別
菩薩深入如來力
以智慧門普明見

不可思議無量劫
能令平等入一念
如是見已遍十方
修行一切淸淨業

중생들의 모든 근과 욕락이
상·중·하품으로 각각 달라서
일체가 매우 깊어 알기 어렵지만
그 본성을 따라 모두 아네

중생들에게 갖가지 업이 있으니
상·중·하품으로 각각 차별되나
보살이 여래의 힘에 깊이 들어가
지혜의 문으로써 널리 밝게 보네

불가사의 무량 수의 겁을
평등함으로 온통인 생각에 들어가게 하고
이러-히 보고는 시방에 두루 하여
일체의 청정한 업을 닦고 행하네

過去未來及現在
了知其相各不同
而亦不違平等理
是則大心明達行

世間衆生行不同
或顯或隱無量種
菩薩悉知差別相
亦知其相皆無相

十方世界一切佛
所現自在神通力
廣大難可得思議
菩薩悉能分別知

과거와 미래와 현재의

그 상들이 각각 같지 않음을 분명히 알면서

또한 평등한 이치를 어기지 않으니

이것이 곧 큰마음을 밝게 통달한 행이네

세간 중생들의 행이 같지 않아

혹은 나타나고 혹은 숨는 한량없는 종류의

차별된 상을 보살이 다 알지만

또한 그 상이라는 것이 모두 상이 아님을 아네

시방세계 일체 부처님께서

나타내신 자재한 신통의 힘이

광대하여 사의하기 어렵거늘

보살이 모두 분별하여 아네

一切世界兜率中
自然覺悟人獅子
功德廣大淨無等
如其體相悉能見

或現降神處母胎
無量自在大神變
成佛說法示滅度
普遍世間無暫已

人中獅子初生時
一切勝智悉承奉
諸天帝釋梵王等
靡不恭敬而瞻侍

일체 세계의 도솔천 가운데
스스로가 그러-함을 깨달은 부처님〔人獅子〕의
공덕이 광대하고 비할 바 없이 깨끗한
여여한 그 몸의 모습을 모두 보네

혹은 위신력으로 내려와 모태에 드는
한량없이 자재한 큰 신통변화로
성불하여 설법함과 멸도까지 보임을 나타내시니
널리 세간에 두루 하여 잠시도 그침이 없네

부처님〔人中獅子〕이 처음 나실 때에
일체 뛰어난 지혜로 모두 받들고
모든 천인과 제석과 범왕 등
공경하여 우러러 보며 모시지 않는 이가 없네

十方一切無有餘
無量無邊法界中
無始無末無遐邇
示現如來自在力

人中尊導現生已
遊行諸方各七步
欲以妙法悟群生
是故如來普觀察

見諸衆生沈欲海
盲暗愚癡之所覆
人中自在現微笑
念當救彼三有苦

시방 일체에 남음이 없는
무량 무변 수의 법계 가운데
비롯함도 없고 끝도 없고 멀고 가까움도 없이
여래의 자재한 힘을 나타내 보이시네

부처님〔人中尊導〕께서 탄생하고는
모든 방향으로 각각 일곱 걸음을 걸으심은
묘한 법으로 중생들을 깨우치고자 함이니
이런 까닭으로 여래께서 널리 관찰하시네

모든 중생이 욕심의 바다에 잠겨서
어리석음의 어둠에 덮여 있음을 보고
사람 가운데 자재하여 미소를 드러내어
삼유의 고통에서 저들을 구제함을 생각하시네

大獅子吼出妙音
我爲世間第一尊
應然明淨智慧燈
滅彼生死愚癡暗

人獅子王出世時
普放無量大光明
令諸惡道皆休息
永滅世間衆苦難

或時示現處王宮
或現捨家修學道
爲欲饒益衆生故
示其如是自在力

큰 사자후로 묘한 음성를 내어
세간에서 내가 가장 존귀하다 함이여
마땅히 청정한 지혜의 등불로
저 나고 죽는 어리석음의 어둠을 멸하시네

부처님〔人獅子王〕께서 세상에 출현하실 때에
한량없는 큰 광명을 널리 놓아서
모든 악도를 다 쉬게 하여
세간의 온갖 고난을 영원히 없애시네

어느 때에는 왕궁에 계심을 나타내 보이고
혹은 집을 버려 도를 닦고 배움을 나타내는 것은
중생들에게 넉넉히 이익 되게 하기 위해
그들에게 이와 같이 자재한 힘을 보이심이네

如來始坐道場時
一切大地皆動搖
十方世界悉蒙光
六趣衆生咸離苦

震動一切魔宮殿
開悟十方衆生心
昔曾受化及修行
皆使了知眞實義

十方所有諸國土
悉入毛孔無有餘
一切毛孔剎無邊
於彼普現神通力

여래께서 도량에 처음 앉으실 때에
일체의 대지가 모두 움직여 흔들리고
시방 세계가 다 광명을 입어
육도 중생들이 모두 괴로움을 여의네

일체 마군의 궁전이 진동하는 것은
시방의 중생들의 마음을 깨닫게 하는 것이니
일찍이 교화 받고 수행함으로
모두로 하여금 참답고 실다운 이치를 분명히 알게 하네

시방에 있는 모든 국토가
털구멍에 다 들어가 남음이 없고
일체 털구멍의 끝없는 세계
그곳에 널리 신통력을 나타내네

一切諸佛所開演
無量方便皆隨悟
設諸如來所不說
亦能解了勤修習

遍滿三千大千界
一切魔軍興鬪諍
所作無量種種惡
無礙智門能悉滅

如來或在諸佛刹
或復現處諸天宮
或在梵宮而現身
菩薩悉見無障礙

일체 모든 부처님께서 열어 널리 펴신
한량없는 방편을 모두 따라 깨달으니
설사 모든 여래께서 설하시지 않은 것일지라도
분명히 알아 부지런히 닦아 익히네

삼천대천세계에 두루 가득한
일체 마군이 투쟁을 일으켜
한량없는 갖가지 악한 일을 지으나
걸림 없는 지혜의 문으로 다 없애네

여래께서 혹은 부처님세계에 있기도 하고
혹은 다시 모든 천궁에 있음을 나타내기도 하며
혹은 범궁에 있어 몸을 나타내심을
보살이 장애 없이 다 보네

佛現無量種種身
轉於淸淨妙法輪
乃至三世一切劫
求其邊際不可得

寶座高廣最無等
遍滿十方無量界
種種妙相而莊嚴
佛處其上難思議

諸佛子衆共圍遶
盡於法界悉周遍
開示菩提無量行
一切最勝所由道

부처님께서 한량없는 갖가지 몸을 나타내어
청정하고 묘한 법륜을 굴리시니
더 나아가서 삼세의 일체 겁 동안
그 끝을 구하여도 얻을 수 없네

보배자리가 높고 넓어 비할 바 없이 뛰어나
시방의 한량없는 세계에 두루 가득하고
갖가지 묘한 상으로 장엄하여서
부처님께서 그 위에 거하시니 사의하기 어렵네

모든 불자가 함께 둘러 싸고 있음이
온 법계에 다 두루 가득하여
보리의 한량없는 행을 열어 보이시니
일체에서 가장 뛰어남을 말미암은 도라네

諸佛隨宜所作業
無量無邊等法界
智者能以一方便
一切了知無不盡

諸佛自在神通力
示現一切種種身
或現諸趣無量生
或現婇女衆圍遶

或於無量諸世界
示現出家成佛道
乃至最後般涅槃
分布其身起塔廟

모든 부처님께서 마땅함을 따라 지으시는 업이
무량 무변 수의 법계와 평등하니
지혜로운 이는 온통인 방편으로써
일체를 밝게 알아 다하지 않음이 없네

모든 부처님께서 자재한 신통력으로
일체의 갖가지 몸을 나타내 보이니
혹은 모든 취의 한량없는 생을 나타내고
혹은 채녀들이 주위에 둘러 싸고 있음을 나타내시네

혹은 한량없는 모든 세계에서
출가하여 불도를 이루고
더 나아가서 최후에는 반열반에 들어
그 몸을 나누어서 탑묘를 세움을 나타내 보이시네

如是種種無邊行
導師演說佛所住
世尊所有大功德
誓願修行悉令盡

以彼善根廻向時
住於如是方便法
如是修習菩提行
其心畢竟無厭怠

如來所有大神通
及以無邊勝功德
乃至世間諸智行
一切悉知無不盡

이와 같은 갖가지 끝없는 행
도사의 널리 펴 설함이요 부처님의 머무시는 바라
세존의 모든 큰 공덕을
닦고 행하여 모두 다하기를 서원하네

저 선근으로써 회향할 때에
이와 같은 방편의 법에 머물러
이와 같이 보리행을 닦아 익히되
그 마음이 끝내 싫어하거나 게으르지 않네

여래의 모든 큰 신통과
끝없이 뛰어난 공덕과
더 나아가서 세간의 모든 지혜의 행으로
일체를 모두 알아 다하지 않음이 없네

如是一切人中主
隨其所有諸境界
於一念中皆了悟
而亦不捨菩提行

諸佛所有微細行
及一切剎種種法
於彼悉能隨順知
究竟廻向到彼岸

有數無數一切劫
菩薩了知卽一念
於此善入菩提行
常勤修習不退轉

이와 같이 일체 인간 세계의 주인으로
그 있는 바를 따라 모든 경계를
온통인 생각 가운데 다 밝게 깨달으나
또한 보리의 행을 버리지 않네

모든 부처님의 지니신 미세한 행과
일체 세계의 갖가지 법
그것을 모두 수순하여 알고
구경에는 회향하여 피안에 이르르네

셀 수 있고 셀 수 없는 일체 겁이
온통인 생각임을 보살이 밝게 알아
이에 보리의 행에 잘 들어가서
항상 부지런히 닦고 익혀 퇴전하지 않네

十方所有無量刹
或有雜染或清淨
及彼一切諸如來
菩薩悉能分別知

於念念中悉明見
不可思議無量劫
如是三世無有餘
具足修治菩薩行

於一切心平等入
入一切法亦平等
盡空佛刹斯亦然
彼最勝行悉了知

시방에 있는 한량없는 세계
혹은 더럽고 혹은 청정하나
그곳의 일체 모든 여래까지
보살이 다 잘 분별하여 아네

생각마다 모두
불가사의 무량 수의 겁을 분명히 보아
이와 같이 삼세를 남음이 없이 하여
보살의 행을 닦아 다스려 구족하네

일체의 마음에 평등하게 들어가고
일체의 법에 들어감도 또한 평등하며
온 허공의 부처님세계에도 또한 그러하여
저 가장 뛰어난 행을 모두 밝게 아네

出生衆生及諸法
所有種種諸智慧
菩薩神力亦復然
如是一切無窮盡

諸微細智各差別
菩薩盡攝無有餘
同相異相悉善知
如是修行廣大行

十方無量諸佛刹
其中衆生各無量
趣生族類種種殊
住行力已悉能知

중생과 모든 법에
있는 바 갖가지 모든 지혜를 내고
보살의 위신력도 또한 그러하니
이와 같은 일체를 다함이 없네

모든 미세한 지혜가 각각 다르니
보살이 남음이 없이 다 거두어
같은 상과 다른 상을 모두 잘 알아서
이와 같이 광대한 행을 닦아 행하네

시방의 한량없는 모든 부처님세계
그 가운데 중생이 각각 한량이 없고
육도 중생의 종류가 갖가지로 다른 것을
십주(十住)*와 십행(十行)*의 힘으로 이미 모두 아네

過去未來現在世
所有一切諸導師
若人知此而廻向
則與彼佛行平等

若人能修此廻向
則爲學佛所行道
當得一切佛功德
及以一切佛智慧

一切世間莫能壞
一切所學皆成就
常能憶念一切佛
常見一切世間燈

과거와 미래와 현재 세상에
계시는 일체 모든 부처님〔導師〕
어떤 사람이 이를 알고 회향한다면
곧 저 부처님의 행과 평등하네

어떤 사람이 이 회향을 닦으면
곧 부처님께서 행하신 도를 배움이니
일체 부처님의 공덕과
일체 부처님의 지혜를 얻게 되네

일체 세간이 무너뜨릴 수 없고
일체 배울 바를 모두 성취하여
일체 부처님을 항상 마음속 깊이 지녀 잊지 않아서
항상 일체 세간의 등불로 보네

菩薩勝行不可量
諸功德法亦如是
已住如來無上行
悉知諸佛自在力

보살의 뛰어난 행은 헤아릴 수 없고
모든 공덕의 법 또한 이와 같아서
이미 여래의 위 없는 행에 머물렀으니
모든 부처님의 자재한 힘까지 모두 안다네

농선 대원 선사 결문

농선 대원 선사 결문(決文)

문 : 어찌해야 집착이 없고 얽힘이 없는 해탈의 마음으로 보현의 공교로운 지혜를 자유롭게 써서 교화할 수 있겠습니까?

답 : 뜰 앞에 장미의 일러줌을 곧바로 보라.

문 : 모르겠습니다. 다시 일러주십시오.

답 : 눈뜬 당달봉사가 있다는 말은 들었어도
귀 밝은 귀머거리가 있다는 말은 듣지 못했는데
오늘 귀 밝은 귀머거리를 보는구나
악!
(주장자를 던지다.)

∽ 미주

* 동류(同類) : 같은 생류 또는 소질이나 속성이 같은 종류를 말한다. 인간과 인간, 불과 불 등.
* 이류(異類) : 상이한 생류 또는 소질이나 속성이 다른 종류를 말한다. 인간으로보면, 축생, 아귀, 기타 모든 다른 세계의 것.
* 인가(忍可) : 인가결정(忍可決定)한다는 뜻으로, 인정하여 확실하게 안다는 뜻이다.
* 일생보처(一生補處) : 보살의 지위 중에서 가장 높은 위치. 바로 다음 생에는 정각을 이루어 성불할 수 있는 등각의 지위를 말한다. 미륵과 같은 보살이 석가모니 부처님보다 먼저 입멸하여 도솔천에서 사바세계로 내려와 다음 부처의 자리에 오르는 것과 같이 이전의 부처님 자리를 채우는 후보 보살을 보처보살(補處菩薩)이라고 한다.
* 십주(十住) : 보살의 수행 계위 52위 중 제11위부터 제20위까지를 말한다. 십지주(十地住), 십법주(十法住)라고도 한다.
* 십행(十行) : 보살의 수행 계위 52위 중 제21위에서 제30위까지를 말한다. 열 가지 이타행, 십행심(十行心)이라고도 한다.
* 적정(寂定) : 열반의 상태. 번뇌가 끊어진 것을 적(寂), 일고 스러짐이 다해서 흔들림이 없는 경지를 정(定)이라 하여 무념무상(無念無想)의 경지를 말한다.

* 현전(現前) : 목전에 나타나 있는 것. 있는 그대로 나타남. 명료
하게 인식됨. 현재전(現在前)이라고도 한다.

부록 1

불조정맥

불조정맥(佛祖正脈)

🪷 인 도

교조 석가모니불 (教祖 釋迦牟尼佛)

1조 마하가섭 (摩訶迦葉)

2조 아난다 (阿難陀)

3조 상나화수 (商那和脩)

4조 우바국다 (優波鞠多)

5조 제다가 (堤多迦)

6조 미차가 (彌遮迦)

7조 바수밀 (婆須密)

8조 불타난제 (佛陀難堤)

9조 복타밀다 (伏馱密多)

10조 파율습박(협) (波栗濕縛, 脇)

11조 부나야사 (富那夜奢)

12조 아나보리(마명) (阿那菩堤, 馬鳴)

13조 가비마라 (迦毗摩羅)

14조 나가르주나(용수) (那閼羅樹那, 龍樹)

15조 가나제바 (迦那堤波)

16조 라후라타 (羅睺羅陀)

17조 승가난제 (僧伽難提)

18조 가야사다 (迦耶舍多)

19조 구마라다 (鳩摩羅多)

20조 사야다 (闍夜多)

21조 바수반두 (婆修盤頭)

22조 마노라 (摩拏羅)

23조 학륵나 (鶴勒那)

24조 사자보리 (師子菩提)

25조 바사사다 (婆舍斯多)

26조 불여밀다 (不如密多)

27조 반야다라 (般若多羅)

28조 보리달마 (菩堤達磨)

🪷 중 국

29조 신광 혜가 (2 조 神光 慧可)

30조 감지 승찬 (3 조 鑑智 僧璨)

31조 대의 도신 (4 조 大醫 道信)

32조 대만 홍인 (5조 大滿 弘忍)

33조 대감 혜능 (6조 大鑑 慧能)

34조 남악 회양 (7조 南嶽 懷讓)

35조 마조 도일 (8조 馬祖 道一)

36조 백장 회해 (9조 百丈 懷海)

37조 황벽 희운 (10조 黃檗 希雲)

38조 임제 의현 (11조 臨濟 義玄)

39조 홍화 존장 (12조 興化 存奬)

40조 남원 혜옹 (13조 南院 慧顒)

41조 풍혈 연소 (14조 風穴 延沼)

42조 수산 성념 (15조 首山 省念)

43조 분양 선소 (16조 汾陽 善昭)

44조 자명 초원 (17조 慈明 楚圓)

45조 양기 방회 (18조 楊岐 方會)

46조 백운 수단 (19조 白雲 守端)

47조 오조 법연 (20조 五祖 法演)

48조 원오 극근 (21조 圓悟 克勤)

49조 호구 소륭 (22조 虎丘 紹隆)

50조 응암 담화 (23조 應庵 曇華)

51조 밀암 함걸 (24조 密庵 咸傑)

52조 파암 조선 (25조 破庵 祖先)

53조 무준 사범 (26조 無準 師範)

54조 설암 혜랑 (27조 雪岩 慧郎)

55조 급암 종신 (28조 及庵 宗信)

56조 석옥 청공 (29조 石屋 淸珙)

🪷 한 국

57조 태고 보우 (1 조 太古 普愚)

58조 환암 혼수 (2 조 幻庵 混脩)

59조 구곡 각운 (3 조 龜谷 覺雲)

60조 벽계 정심 (4 조 碧溪 淨心)

61조 벽송 지엄 (5 조 碧松 智儼)

62조 부용 영관 (6 조 芙蓉 靈觀)

63조 청허 휴정 (7 조 淸虛 休靜)

64조 편양 언기 (8 조 鞭羊 彦機)

65조 풍담 의심 (9 조 楓潭 義諶)

66조 월담 설제 (10조 月潭 雪霽)

67조 환성 지안 (11조 喚醒 志安)

68조 호암 체정 (12조 虎巖 體淨)

69조 청봉 거안 (13조 靑峰 巨岸)

70조 율봉 청고 (14조 栗峰 靑杲)

71조 금허 법첨 (15조 錦虛 法沾)

72조 용암 혜언 (16조 龍巖 慧言)

73조 영월 봉율 (17조 詠月 奉律)

74조 만화 보선 (18조 萬化 普善)

75조 경허 성우 (19조 鏡虛 惺牛)

76조 만공 월면 (20조 滿空 月面)

77조 전강 영신 (21조 田岡 永信)

78대 농선 대원 (22대 弄禪 大圓)

농선 대원 선사님
인가 내력

농선 대원 선사님 인가 내력

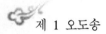 제 1 오도송

이 몸을 끄는 놈 이 무슨 물건인가?
골똘히 생각한 지 서너 해 되던 때에
쉬이하고 불어온 솔바람 한 소리에
홀연히 대장부의 큰 일을 마치었네

무엇이 하늘이고 무엇이 땅이런가
이 몸이 청정하여 이러-히 가없어라
안팎 중간 없는 데서 이러-히 응하니
취하고 버림이란 애당초 없다네

하루 온종일 시간이 다하도록
헤아리고 분별한 그 모든 생각들이

옛 부처 나기 전의 오묘한 소식임을
듣고서 의심 않고 믿을 이 누구인가!

此身運轉是何物
疑端汨沒三夏來
松頭吹風其一聲
忽然大事一時了

何謂靑天何謂地
當體淸淨無邊外
無內外中應如是
小分取捨全然無

一日於十有二時
悉皆思量之分別
古佛未生前消息
聞者卽信不疑誰

농선 대원 선사님의 스승이신 불조정맥 제77조 조계종(曹溪宗) 전
강(田岡) 대선사님께서 1962년 대구 동화사의 조실로 계실 당시 농
선 대원 선사님께서도 동화사에 함께 머무르고 계셨다.
　하루는, 전강 대선사님께서 대원 선사님의 3연으로 되어 있는 제
1오도송을 들어 깨달은 바는 분명하나 대개 오도송은 짧게 짓는다

고 말씀하셨다. 이에 대원 선사님께서는 제1오도송을 읊은 뒤, 도솔암을 떠나 김제들을 지나다가 석양의 해와 달을 보고 문득 읊었던 제2오도송을 일러드렸다.

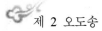
제 2 오도송

해는 서산 달은 동산 덩실하게 얹혀 있고
김제의 평야에는 가을빛이 가득하네
대천이란 이름자도 서지를 못하는데
석양의 마을길엔 사람들 오고 가네

日月兩嶺載同模
金提平野滿秋色
不立大千之名字
夕陽道路人去來

제2오도송을 들으신 전강 대선사님께서는 이에 그치지 않고 그와 같은 경지를 담은 게송을 이 자리에서 즉시 한 수 지어볼 수 있겠냐고 하셨다. 대원 선사님께서는 곧바로 다음과 같이 읊으셨다.

바위 위에는 솔바람이 있고

산 아래에는 황조가 날도다
대천도 흔적조차 없는데
달밤에 원숭이가 어지러이 우는구나

岩上在松風
山下飛黃鳥
大千無痕迹
月夜亂猿啼

전강 대선사님께서는 위 송의 앞의 두 구를 들으실 때만 해도 지그시 눈을 감고 계시다가 뒤의 두 구를 마저 채우자 문득 눈을 뜨고 기뻐하는 빛이 역력하셨다.

그러나 전강 대선사님께서는 여기에서도 그치지 않고 다시 한 번 물으셨다.

"대중들이 자네를 산으로 불러내고 그중에 법성(향곡 스님 법제자인 진제 스님. 동화사 선방에 있을 당시에 '법성'이라 불렸고, 나중에 '법원'으로 개명하였다.)이 달마불식(達磨不識) 도리를 일러보라 했을 때 '드러났다'라고 답했다는데, 만약에 자네가 당시의 양무제였다면 '모르오'라고 이르고 있는 달마 대사에게 어떻게 했겠는가?"

대원 선사님께서 답하셨다.

"제가 양무제였다면 '성인이라 함도 서지 못하나 이러-히 짐의 덕화와 함께 어우러짐이 더욱 좋지 않겠습니까?' 하며 달마 대사의 손을 잡아 일으켰을 것입니다."

전강 대선사님께서 탄복하며 말씀하셨다.

"어느새 그 경지에 이르렀는가?"

"이르렀다곤들 어찌 하며, 갖추었다곤들 어찌 하며, 본래라곤들
어찌 하리까? 오직 이러-할 뿐인데 말입니다."

대원 선사님께서 연이어 말씀하시자 전강 대선사님께서 이에 환
희하시니 두 분이 어우러진 자리가 백아가 종자기를 만난 듯, 고수
명창 어울리듯 화기애애하셨다.

달마불식 공안에 대한 위의 문답은 내력이 있는 것이다. 전강 대
선사님께서 대원 선사님을 부르기 며칠 전에, 저녁 입선 시간 중에
노장님 몇 분만이 자리에 앉아있을 뿐 자리가 텅텅 비어 있었다고
한다.

대원 선사님께서 이상히 여기고 있던 중, 밖에서 한 젊은 수좌가
대원 선사님을 불렀다. 그 수좌의 말이 스님들이 모두 윗산에 모여
기다리고 있으니 가자고 하기에 무슨 일인가 하고 따라가셨다.

그러자 그 자리에 있던 법성 스님이 보자마자 달마불식 법문을
들고 이르라고 하기에 지체없이 답하셨다.

"드러났다."

곁에 계시던 송암 스님께서 또 안수정등 법문을 들고 물으셨다.

"여기서 어떻게 살아나겠소?"

대뜸 큰소리로 이르셨다.

"안·수·정·등."

이에 좌우에 모인 스님들이 함구무언(緘口無言)인지라 대원 선사님께서는 먼저 그 자리를 떠나 내려와 버리셨다.

그 다음날 입승인 명허 스님께서 아침 공양이 끝난 자리에서 지난 밤 입선시간 중에 무단으로 자리를 비운 까닭을 묻는 대중 공사를 붙여 산 중에서 있었던 일들이 낱낱이 드러나고 말았다. 그리하여 입선시간 중에 자리를 비운 스님들은 가사 장삼을 수하고 조실인 전강 대선사님께 참회의 절을 했던 일이 있었다.

전강 대선사님께서는 이때에 대원 선사님께서 달마불식 도리에 대해 일렀던 경지를 점검하셨던 것이다.

이런 철저한 검증의 자리가 있었던 다음 날, 전강 대선사님께서 부르시기에 대원 선사님께서 가보니 주지인 월산(月山) 스님께서 모든 것이 약조된 데에서 입회해 계셨으며 전강 대선사님께서는 곧바로 다음과 같이 전법게(傳法偈)를 전해주셨다.

 전 법 게

부처와 조사도 일찍이 전한 것이 아니거늘
나 또한 어찌 받았다 하며 준다 할 것인가
이 법이 2천년대에 이르러서
널리 천하 사람을 제도하리라

佛祖未曾傳
我亦何受授
此法二千年
廣度天下人

덧붙여 이 일은 월산 스님이 증인이며 2000년까지 세 사람 모두
절대 다른 사람이 알게 하거나 눈에 띄게 하지 않아야 한다고 당
부하셨다.

만약 그러지 않을 시에는 대원 선사님께서 법을 펴 나가는데 장
애가 있을 것이라고 예언하셨다. 또한 각별히 신변을 조심하라 하
시고 월산 스님에게 명령해 대원 선사님을 동화사의 포교당인 보
현사에 내려가 교화에 힘쓰게 하셨다.

대원 선사님께서 보현사로 떠나는 날, 전강 대선사님께서는 미리
적어두셨던 부송(付頌)을 주셨으니 다음과 같다.

 부 송

어상을 내리지 않고 이러-히 대한다 함이여
뒷날 돌아이가 구멍 없는 피리를 불리니
이로부터 불법이 천하에 가득하리라

不下御床對如是
後日石兒吹無孔
自此佛法滿天下

　위의 송의 '어상을 내리지 않고 이러-히 대한다 함이여'라는 첫째 줄 역시 내력이 있는 구절이다.

　전에 대원 선사님께서 전강 대선사님을 군산 은적사에서 모시고 계실 당시 마당에서 홀연히 마주쳤을 때 다음과 같은 문답이 있었다.

　전강 대선사님께서 물으셨다.

　"공적(空寂)의 영지(靈知)를 이르게."

　대원 선사님께서 대답하셨다.

　"이러-히 스님과 대담(對談)합니다."

　"영지의 공적을 이르게."

　"스님과의 대담에 이러-합니다."

　"어떤 것이 이러-히 대담하는 경지인가?"

　"명왕(明王)은 어상(御床)을 내리지 않고 천하 일에 밝습니다."

　위와 같은 문답 중에 대원 선사님께서 답하신 경지를 부송의 첫째 줄에 담으신 것이다.

　전강 대선사님께서 대원 선사님을 인가(印可)하신 과정을 볼 때 한 번, 두 번, 세 번을 확인하여 철저히 점검하신 명안종사의 안목에 탄복하지 않을 수 없으며 이에 끝까지 1초의 머뭇거림도 없이 명철하셨던 대원 선사님께 찬탄하지 않을 수 없다.

그리하여 법열로 어우러진 두 분의 자리가 재현된 듯 함께 환희용약하지 않을 수 없다.

이제 전강 대선사님과 약속한 2천년대를 맞이하였으므로 여기에 전법게를 밝힌다.

이로써 경허, 만공, 전강 대선사님으로 내려온 근대 대선지식의 정법의 횃불이 이 시대에 이어져 전강 대선사님의 예언대로 불법이 천하에 가득할 것이다.

부록 3

21세기에
인류가 해야 할 일

21세기에 인류가 해야 할 일

 이 사람은 1962년 26세 때부터 21세기에 인류에게 닥칠 공해문제, 에너지문제를 예견하고 대체에너지(무한원동기, 태양력, 파력, 풍력 등) 개발과 '울 안의 농법'을 연구하고 그 필요성을 많은 이들에게 이야기해 왔습니다.

 당시에는 너무 시대를 앞서가는 이야기여서인지 일반인들이 수용하지 못하고 오히려 불신의 눈으로 바라보며 이 사람의 법마저 의심하였습니다. 하지만 현대에 있어서는 이것이 인류가 해결해야 할 가장 절박한 사안이 되어 있습니다.

 '사막화방지 국제연대'를 설립한 것도 현재 인류가 해결해야 할 가장 절박한 지구환경문제를 이슈화시키고 그 해결책을 제시하여 재앙에 직면한 지구촌을 살리기 위해서입니다.

 '사막화방지 국제연대'에서 추진하고 있는 사막화 방지, 지구 초원화, 대체에너지 개발은 온 인류가 발 벗고 나서서 해야 할 일입니다.

첫째 사막화 방지에 있어서 기존에 해왔던 '나무심기 사업'은 천문학적인 예산과 많은 인력을 동원하고도 극도로 황폐한 사막화된 환경을 되살리는 데 실패하였습니다.

그래서 이 사람은 사막화 방지에 있어서는 '사막 해수로 사업'을 새로운 방안으로 제시하였습니다.

사막 해수로 사업은 사막화된 지역에 수도관을 매설하여 바닷물을 끌어들여서 염분에 강한 식물을 중심으로 자연생태계를 복원하는 사업입니다.

이것은 나무심기 사업으로 심은 나무들이 절대적으로 물이 부족하여 생존할 수 없었던 문제를 해결할 수 있는, 현재로서는 유일한 해결책입니다.

그러나 '사막화방지 국제연대'의 목적은 사막이 확장되는 것을 방지하자는 것이지 사막 전체를 완전히 없애자는 것은 아닙니다. 인체에서 심장이 모든 피를 전신의 구석구석까지 골고루 보내어 살아서 활동하게 하듯이 사막은 오히려 지구의 심장 역할을 하는 중요한 곳이기 때문입니다.

그래서 21세기에 있어서는 다만 사막의 확장을 방지할 뿐 아니라 사막을 어떻게 운용하느냐를 연구해야 합니다.

사막에 바둑판처럼 사방이 막힌 플륨관 수로를 설치하여 동, 서, 남, 북 어느 방향의 수로를 얼마만큼 채우느냐 비우느냐에 따라, 사막으로부터 사방 어느 방향으로든 거리까지 조절하여, 원하는 지역에 비를 내리게 하고 그치게 할 수 있습니다. 철저히 과학적인

데이터에 의해 이렇게 사막을 운용함으로써 21세기의 지구를 풍요로운 낙원시대로 만들어가야 합니다.

둘째로 지구를 초원화할 수 있는 방안으로서 3년간의 실험을 통해, 광활한 황무지 지역을 큰 비용을 들이거나 많은 인력을 동원하지 않고도 짧은 시간 내에 초지로 바꿀 수 있는 식물을 찾아냈습니다.

그것은 바로 '돌나물'입니다. 돌나물은 따로 종자를 심을 필요가 없이 헬리콥터나 비행기로 살포해도 생존, 번식할 수 있으며, 추위와 더위, 황폐한 땅에서도 살아남을 수 있는 생명력과 번식력이 강한 식물입니다.

지구환경을 되살리는 초지조성 사업에 있어서 이것이 큰 도움이 되리라 생각합니다.

셋째의 대체에너지 개발에 있어서는 태양력, 파력, 풍력 등 1962년도부터 이 사람이 연구하고 얘기해왔던 방법들이 이미 많이 개발되어 실용화한 단계에 있습니다.

이 세 가지 일은 한 개인이나 한 국가가 할 수 있는 일이 아닙니다. 모든 국가가 앞장서서 전 세계적인 사업으로 이루어져야 합니다. 모든 국가가 함께 한 기금조성이 이루어져야 하고 기금조성에 참여한 국가는 이 시스템에 의한 전면적인 혜택을 입을 수 있도록 해야 합니다.

인류 모두가 지혜를 모아 이 일에 전력을 다한다면 인류는 유사 이래 가장 좋은 시절을 맞이하게 될 것이며, 만약 이 일을 남의 일인 양 외면한다면 극한의 재앙을 면할 수 없을 것입니다.

이 사람이 오래 전부터 얘기해왔던 '울 안의 농법'은 이미 미국 라스베이거스(Las Vegas)에서 30층짜리 '고층 빌딩 농장'으로 구현되었습니다. 그렇게 크게도 운영될 수 있지만 각자 자신의 집에서 이루어지는 '울 안의 농법'도 필요합니다.

21세기에 있어서 또 하나 인류가 만일의 사태를 대비해서 연구, 추진해야 될 일이 있다면 바닷속에서의 수중생활, 수중경작입니다.

지구가 심하게 온난화될 경우, 공기가 너무 많이 오염될 경우, 바닷물이 높아져 살 땅이 좁아질 경우 등에 대비할 때, 인류는 우주에서의 삶보다는 바닷속에서의 삶을 준비해야 합니다. 왜냐하면 그것이 훨씬 수월하고 비용도 절감할 수 있기 때문입니다.

이렇게 깨달은 이는 이변적으로는 깨달음을 얻게 하여 영생불멸의 삶을 영위할 수 있도록 만인을 이끌어야 하며 사변적으로는 일반인이 예측할 수 없는 백 년, 천 년 앞을 내다보아 이를 미리 앞서 대비하도록 만인의 삶을 이끌어줘야 한다고 생각합니다.

불법의 뜻은 다만 진리 전수에만 있는 것이 아니니, 만인이 서로 함께 영원한 극락을 누릴 때까지 물심양면으로, 이사일여로 베풀어 교화해야 하기 때문입니다.

가슴으로 부르는
불심의 노래

여기에 실린 것들은 모두 농선 대원 선사님
께서 직접 작사하신 곡들이다.

　수행의 길로 들어서게끔 신심, 발심을 북돋
아주는 곡으로부터 수행의 길로 접어든 이의
구도의 몸부림이 담겨있는 곡, 대승의 원력을
발해서 교화하는 보살의 자비심과 함께 낙원
세계를 누리는 풍류를 그려놓은 곡까지 가사
한마디, 한마디가 생생하여 그 뜻이 뼛속 깊이
새겨지고 그 멋에 흠뻑 취하게 된다.

　농선 대원 선사님께서는 거칠고 말초적인
요즘의 노래를 듣고 이러한 정서를 순화시키
고자, 또한 수행의 마음을 진작시키고자 하는
뜻에서 이 곡들을 작사하셨다.

🪷 가슴으로 부르는 불심의 노래 - 가사 목록

님은 아시리 164
불보살의 마음 165
나의 노래 165
잘 사는 게 불법일세 165
선 승 165
우리 모두 166
마음이 나로세 166
거룩한 만남 166
사람다운 삶 166
즐거운 마음 167
사는 목적 167
바른 삶 1 167
바른 삶 2 167
닮으렵니다 167
수행과 깨침 168
걱정 말라 168
정한 일일세 168
여기가 낙원 168
따르렵니다 169
지장보살 169
나는 바보 169
옛 고향 169
곰탱이 169
미련 곰탱이 170
부처님의 말씀 171
즐겁게 살자 171

행복이란 171
두고두고 할 일 172
화엄의 세계 172
일체유심조 173
내 마음 내가 된 삶 174
좀도 좋다 175
그 말씀 176
웃고 살자 177
서로서로 나누면서 178
사람 사는 이치 178
불법 공부 179
좋구나 179
나는 바보 179
영원한 행복 찾기 180
불법 180
금강의 노래 1 181
금강의 노래 2 183
반야의 노래 184
치유의 노래 185
효 185
내 말 좀 들어봐요 186
사막은 지구의 심장 187
이때 우리는 187
잘 사는 비결 188
만들자 188
정직하고 착한 마음 189

님은 아시리

1 부

1. 사계절의 풍광인들 위로되겠니
서사시의 음률인들 쉬어지겠니
뜻과 같이 되지 않아 기도에 젖은
이 마음 님은 아시리
한 세상 열정 쏟아 닦는 수행길
불보살님 출현하서 베푼 자비에
모든 망상, 모든 번뇌 없었으면 좋으련만
마음대로 안 되는 게 수행이더라, 수행이더라

2. 사계절의 풍광인들 위로되겠니
서사시의 음률인들 쉬어지겠니
뜻과 같이 되지 않아 기도에 젖은
이 마음 님은 아시리
청춘의 모든 욕망 사뤄버리고
회광반조 촌각 아낀 열정 쏟아서
이룬 선정 그 효력이 있었으면 좋으련만
마음대로 안 되는 게 보림이더라, 보림이더라

3. 사계절의 풍광인들 위로되겠니
서사시의 음률인들 쉬어지겠니
뜻과 같이 되지 않아 기도에 젖은
이 마음 님은 아시리
억겁의 모든 습성 꺾어보려고
갖은 노력 갖은 인내 온통 쏟아서
세월 잊은 보림 성취 있었으면 좋으련만
마음대로 안 되는 게 성불이더라, 성불이더라

2 부

1. 사계절의 풍광인들 비유되겠니
가릉빈가 음률인들 비교되겠니
뜻과 같이 자유자재 베풀어놓고
한없이 즐기시련만
그러한 대자유의 삶을 접고서
중생들을 구제하려 삼도에 출현
갖은 역경 어려움을 감내하는 자비로써
깨워주는 그 진리에 눈을 뜨거라, 눈을 뜨거라

2. 사계절의 풍광인들 비유되겠니
가릉빈가 음률인들 비교되겠니
뜻과 같이 자유자재 베풀어놓고
한없이 즐기시련만
억겁을 다하여도 끝이 없을 걸
알면서도 해내겠다 나선 님의 길
가시밭길 험난해도 일관하신 그 자비에
구류중생 깨달아서 정토 이루리, 정토 이루리

3. 사계절의 풍광인들 비유되겠니
가릉빈가 음률인들 비교되겠니
뜻과 같이 자유자재 베풀어놓고
한없이 즐기시련만
낙원의 모든 즐김 떨쳐버리고
삼악도를 낙원으로 이뤄놓겠다
촌각 아낀 그 열정에 모두 모두 감화되어
이 땅 위에 님의 소원 이뤄지리라, 이뤄지리라

 불보살의 마음

1. 자비, 그 자비는 눈물이었네
불나방이 불을 쫓듯 가는 이
그래도 못 잊어서 버리지 못해
저리는 저리는 가슴, 그 가슴 안고서
눈물, 피눈물로 저리 부르네

2. 자비, 그 자비는 눈물이었네
제 살 길을 저버리는 이들을
그래도 못 잊어서 버리지 못해
저리는 저리는 가슴, 그 가슴 안고서
눈물, 피눈물로 저리 부르네

 나의 노래

1. 노세 노세 봄놀이하세
대천세계 이 봄 경치
한산 습득 친구삼아
호연지기 즐겨볼까
얼씨구나 절씨구
아니나 즐기고 무엇하리

2. 노세 노세 봄놀이하세
걸음 쫓아 이른 곳곳
문수보현 벗을 삼아
화엄광장 춤춰볼까
얼씨구나 절씨구
아니나 즐기고 무엇하리

 잘 사는 게 불법일세

1. 잘 사는 게 불법일세
우리 모두 관음보살 지장보살 생활 속에 모시면서
마음 비운 나날들로 바른 삶을 하노라면
불보살님 가피 속에 뜻 이뤄서 꽃을 피운
그런 날이 있을 걸세

2. 잘 사는 게 불법일세
우리 모두 관음보살 지장보살 생활 속에 모시면서
마음 비워 살아가며 시시때때 잊지 않고
참나 찾아 참구하는 그 정성도 함께하면
좋은 소식 있을 걸세

3. 잘 사는 게 불법일세
우리 모두 관음보살 지장보살 생활 속에 모시면서
틈틈으로 회광반조 사색으로 참나 깨쳐
화장세계 장엄하고 얼쉬얼쉬 어울리며
영원토록 웃고 사세

 선 승

토함산 소나무 위에 달빛도 조는데
단잠을 잊은 채 장승처럼 앉아있는
깊은 밤 선승의 그윽한 눈빛
고요마저 서지 못한 선정이라
대천도 흔적 없고 허공계도 머물 수 없는
수정 같은 광명이여, 화엄의 세계로세

우리 모두

우리 모두 만난 인생 즐겁게 살자
부딪치는 세상만사 웃으며 하자
인연으로 어우러진 세상사이니
풀어가는 삶이어야 하지 않겠니

몸종 노릇 하는 사이 맘 챙겨 살자
맑고 맑은 가을 허공 그렇게 비워
명상으로 정신세계 사무쳐보자
언젠가는 깨쳐 웃는 그날이 오리

한산 습득 껄껄 웃는 그러한 웃음
웃어가며 모든 일을 대하는 날로
활짝 펼쳐 어우러진 그러한 삶을
우리 모두 발원하며 즐겁게 살자

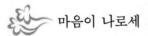

마음이 나로세

본래 마음이 나이건만
몸이 내가 된 삶이 되어
갖은 고통이 따랐다네

맘이 내가 된 삶으로서
갖은 고통이 없는 삶을
우리 누리고 살아보세

이리 쉽고도 쉬운 일을
어찌 등 돌린 삶으로서
고통 속에서 헤매는고

마음 수행을 모두 하여
나고 죽음이 없음으로
태평 세월을 누려보세

거룩한 만남

불법을 만난 건 행운 중 행운이고 내 생의 정점일세
거룩한 이 법을 만나는 사람이면 서로가 권하고 권을 하여
함께 하는 일상의 수행이 되어서 다 같이 누리는 낙원 이뤄
고통과 생사는 오간 데 없고 웃음과 평온만 넘치고 넘쳐
길이길이 끝이 없는 복락 누리세

여래의 큰 은혜 순간인들 잊으랴 수행해 크게 깨쳐
구제를 다함만 큰 은혜 갚음이니 노력과 실천 다해
우리 모두 씩씩한 낙원의 역군이 되어 봉화적인 이생의 삶
으로써
최선을 다하여 부끄럼 없는 대장부로, 은혜 갚는 장부로
길이길이 끝이 없는 복락 누리세

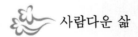

사람다운 삶

1. 사람이 사람다운 사람이 되려면
명상으로 비우고 비워서
고요의 극치에 이르러
자신을 발견한 슬기로써
마음을 다스리는 연마 후에
그 능력으로 모두가 살아가야
평화로운 세상이 활짝 열려
모두 함께 누릴 걸세

2. 서로가 다툼 없이 서로를 아껴서
마음으로 베풀고 베푸는
사회로 이루어 간다면
낙원이 멀리만 있는 것이 아니라
살고 있는 이대로가 낙원이란 걸
모두가 실감하는
우리들의 세상이 활짝 열려
모두 함께 누릴 걸세

즐거운 마음

1. 우리 모두 선택받은 제자 되어
즐거운 맘 하나 되어 축하합니다
그 무엇을 이룬들 이리 좋으며
황금보석 선물인들 이만하리까
부처님의 가르침만 따르오리다
실천하리라 실천하리라

2. 부처님의 뒤 이을 걸 맹세하며
다짐으로 즐기는 맘 가득합니다
당당하게 행보하는 구세의 역군
혼신 다해 낙원 이룬 이 세계에서
함께 사는 즐거움을 생각하며
노래합니다 노래합니다

사는 목적

우리 모두 행복을 찾아 영원을 찾아
내면 향해 비춰보는 명상으로
앉으나 서나 일을 하나 최선을 다하세
하루의 해가 서산을 붉게 물들이고
합장 기도하여 또 다짐과 맹서의 말
뜻 이루어 이 세상의 빛이 돼서
구류를 생사 고해에서 구제하는 사람으로
영원히 영원히 살 것입니다

바른 삶 1

우리 삶을 두고서 허무하다 누가 말했나
본래 마음이 나 아닌가
그 마음 나를 삼아 살면 되지
지금도 늦지 않네 우리 모두
오늘부터 모두들 마음으로 나를 삼아
길이길이 웃고들 사세

바른 삶 2

1. 어디어디 어디라 해도
마음 찾아 바로만 살면
그곳 바로 극락이라네
세상분들 귀담아듣고
사람 몸을 가졌을 때에
모든 고비 극복해내서
참선으로 참나를 깨쳐
걸림 없는 해탈의 세상
누려보세 누려들 보세

2. 어두운 곳 태양이 뜨듯
중생계에 불타 출현해
바른 삶으로 인도하서
복된 날을 기약케 하니
아니아니 좋고 좋은가
이 몸 주인 통쾌히 깨쳐
억겁 업을 말끔히 씻고
걸림 없는 해탈의 세상
누려보세 누려들 보세

닮으렵니다

관세음보살 관세음보살
지극한 마음으로 닮으려고
오늘도 노력하며 주어진 일을 하면
하루가 훌쩍 가는 줄도 모른다오
관세음 관세음보살
님께서 베푸는 그 넓은 사랑을
이 맘 속에 기르고 길러서
실천하는 그런 장부 되어서
큰 은혜 갚을 겁니다

수행과 깨침

1. 그릴 수도 없는 마음, 만질 수도 없는 마음
찾으려는 수행이라 모든 것을 다 버리고
모든 생각 비우기를 몇천 번이었던가
머리 터져 피 흘려도 멈출 수가 없는 공부
이 공부가 아니던가

2. 놓지 못해 우두커니 장승처럼 뭐꼬 하고 앉았는데
앞뒤 없어 몸마저도 공해버린 여기에서 이러-한 채
시간 간 줄 모른 채로 눈을 감고 얼마간을 지나던 중
한 때 홀연 큰 웃음에 화장계일세

걱정 말라

1. 걱정 말라 걱정을 말라 불보살님 말씀대로만 행한다면
안 풀리는 일 없다 하지 않았던가
육근으로 보시를 하며 웃고 살자 웃고들 살자
백년 미만 우리네 인생, 세상 만사 마음먹기 달렸다고
일러주시지 않았던가 걱정을 말라

2. 이리 봐도 저리를 봐도 모두모두 내 살림일세
간섭할 수 없는 내 살림 아니아니 그러한가
이리 펼치고 저리 펼쳐 육문으로 지은 복덕
베푸는 맛이 아니 좋은가 우리 사는 지구인 별 함께 가꿔
낙원으로 만들어서 살아들 보세

정한 일일세

우리네 삶이란 것
풀끝 이슬 아니던가
서로서로 위로하고 아끼면서
우리 모두 착한 삶이
이어져 가노라면
언젠가는 행복한
그날이 우리에게
찾아오는 것 정한 일일세
찾아오는 것 정한 일일세

여기가 낙원

참나 찾아 영원을 향해
한눈 안 팔고 노력하고
가정 위해 사회를 위해
뛰고 뛰고 혼신을 다한
나의 노력 결실이 되어
일상에서 누리는 나날
선 자리가 낙원이 되니
초목들도 어깨 춤추고
산새들도 축하를 하네

따르렵니다

1. 우리 모두 합장 공경 하옵니다
크고 작은 근심 걱정 씻어주려
우릴 찾아 오셨으니 감사합니다 고맙습니다

2. 우리 모두 손에 손을 맞잡고서
즐거웁게 노래하고 춤을 추며
우리에게 오신 님을 경하합니다 축하합니다

3. 우리들의 깊은 잠을 깨워주서
영생불멸 낙원의 삶 누리게끔
해주시려 오신 님을 공경합니다 따르렵니다

지장보살

지장보살 두 눈의 흐르는 눈물
마르실 날 언제일까 생각하고 또 생각해도
이 세상의 사람들이 멀어지게만 하고 있네요
보살님 어찌해야 하오리까
반야의 실천으로 최선 다해 돕는다면
안 되는 일 있으리까
대원본존 지장보살 나무 지장보살
얼씨구나 절씨구나 한 판 놀음 덩실덩실 살
아들 보세

나는 바보

나는 바보다 나는 바보야
역지사지 알다보니 바보가 되었네
그렇지만 내 주위는 언제나 웃음이 있고
나눔이 있어 행복하다네
나는 나는 그런 바보야
나는 나는 그런 바보야

옛 고향

고향 옛 고향이 그리워 거니는 산책에
고요한 달빛 휘영청 밝고 밤새는
그 무슨 생각에 저리 부르는 노래인데
숲 타고 온 석종소리에 열리는 옛 내 고향
그리도 캄캄하던 생각들은 흔적도 없고
고요한 마음 옛 고향 털끝만큼도
가리운 것이란 없었는데
어찌해 그 무엇에 어두웠던고 고향길 옛 내 고향
나는 따르리라 끝없는 일이라 하여도
님 하신 구제 고난과 역경
그 어떤 어려움 닥쳐도
님 하시는 일이라면 멈추는 일 없을 것일세
이것만이 보은이라네 보은이라네

곰탱이

곰탱이 곰탱이 미련 곰탱이
세상 사람 요구 따라 다 들어준
사람더러 곰탱이라네
요구 따라 따지지 않고
들어주기 바쁜 이를 놀려대며 하는 말
곰탱이 곰탱이 미련 곰탱아
그리 살다간 끝내는 빌어먹을 쪽박마저
없겠구나 미련 곰탱아
그래도 덩실덩실 추는 춤을
보며 깔깔 웃는 사람들아
웃는 자신 모르니 서글퍼 내 하는 말
한 판의 꿈속이라 천금만금 쓸데없네
깔깔 웃는 그 실체를 자신 삼아 사는 삶이 되길
바라고 바라는 곰탱이 춤이로세

미련 곰탱이

나는 나를 모르는 곰탱이 곰탱이 미련 곰탱이
나라는 나를 보고 듣는 그거라고 보여주듯 일러줌에
동문서답 일관하는 곰탱이 곰탱이 미련 곰탱이
그러므로 성현들의 천하태평 무릉도원 못 누리고
고생고생 살아가는 곰탱이 곰탱이 미련 곰탱이
그런 삶을 면하려면 나라는 나를 깨달아라
자상하게 이끈 말씀 이행 못한 곰탱이 곰탱이 미련 곰탱이
귀천 없이 이끌어서 선 자리가 안양낙원 되게 하신
말씀을 이행 못한 곰탱이 곰탱이 미련 곰탱이
궁전 낙을 저버리시고 고행 수도 다하셔서
나란 나를 깨침으로 영생의 낙원으로 이끄셨네
이 기회를 놓친다면 다시 만나기 어렵고 어려우니
칠야삼경 봉화 같은 그 지혜의 광명 받아
각자 것이 되게 하란 그 말씀을
실행 못한 곰탱이 곰탱이 미련 곰탱이
그 지혜의 이끔 받아 각자 경지 이러-히 되는 날엔
백사 만사 무엇이든 뜻대로 이뤄진다 권한 말씀
실행 못한 곰탱이 곰탱이 미련 곰탱이
눈앞의 그 작은 것 쫓다가 영원한 삶의 낙 놓치지 않으려면
나란 나를 꼭 깨달으란 귀한 말씀
실행 못한 곰탱이 곰탱이 미련 곰탱이
금구 성언 귀담아듣지 않고 흘려듣다간
백 년도 못 채운 후회막심 삶 되리니
새겨듣고 새겨들어 실천하란 그 말씀
실행 못한 곰탱이 곰탱이 미련 곰탱이
실천하여 깨닫고 박장대소 하는 날엔
삼세 성현 모두모두와 곰탱이 곰탱이가
누리 안은 광명 놓네 누리 안은 광명 놓아 삼창을 할 거라네

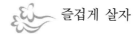

부처님의 말씀

부처님 말씀은 하나하나 자비더라
그러기에 불자들은 온화하고 선하더라
부처님 가르치는 이치는 흐르는 물이고
서늘한 산바람이며 봄꽃 향기요
심금을 울리는 연주요 노래요
포근한 어머니의 사랑이더라
바다처럼 넓고 넓은 자비의 품이더라
포근하고 온화한 그 가르침 하나하나
이치에 어긋남이 없으신 진실이더라
모두모두 다 함께 우리 모두 닮자구요
모두모두 다 함께 우리 모두 닮자구요
모두모두 다 함께 우리 모두 닮자구요
어쩌다 어쩌다 이런 가르침을 만났는지
이 다행 이 요행 헛되이 하지 않아
이 생에 깨달아서 이 크고 큰 은혜
갚는 일에 소홀하지 않으리라
감사합니다 감사합니다 우리 부처님
당신의 후예들마저도 유일하게
전쟁 같은 일들은 일으키지 않습니다
사랑하라 하면서 용서하라 하면서
사람이 사람을 죽이는 일
파리 목숨 취급하듯 하는 일이
있어서야 되겠습니까
혹시라도 이런 일이 종교에 있어서는
절대로 안 되는 일이라 믿습니다
관세음보살 나무아미타불
우리 모두 서로가 서로를 아끼고
사랑합시다 사랑합시다 사랑합시다

즐겁게 살자

나를 찾아 행복을 찾아
내면 향한 명상으로 비춰보며
오늘도 최선을 다한 하루해가 져가네
노을빛 곱게 물이 들고 내 꿈도 이뤄져간다
생각만 하여도 보람찬 미소를 짓는다
세상만사 별것이더냐
서로서로 도와가며 살면서
틈틈이 내면 향한 명상으로
몸 건강 마음 건강 챙기며 사노라면
참나 깨친 박장대소도 짓고
세상 고별 마음대로 하는 날도 있을 걸세
그런 날을 기대하며 일하고 명상하며
하루하루 즐겁게 살자

행복이란

즐거움게 즐겁게
살아가면 좋잖아
한 번뿐인 인생인데
모두 활짝 웃어요
신이 나게 웃어요
행복이란 돈과 직위에
있는 것 아니라네
행복이란 그 어떤 마음으로
사느냐에 있다네
다 같이 다 같이 웃어들 봐요
그 웃음 타고 행복이 오네
짧은 인생살이 이렇게
만들어가며 살아들 보세

🌸 두고두고 할 일

아미타불 사유를 깊이깊이 하여서
하늘땅 생긴 이래 오늘에 이르도록
크나큰 은산철벽 너머 일처럼
까마득히 모르던 나를 깨달았으나
모양 빛깔 없어서 쥐어줄 수도
보여줄 수도 없는 일이라서
입은 옷 뒤집어 보이듯 못하니 한이구나
그러나 보고 듣고 하는 바로 그것이니
마음눈을 활짝 열어 듣는 그곳 향해 살펴봐요, 살펴봐
하늘땅이 간 곳 없고 자신까지 사라진 데서
듣고 아는 그것 내가 아니던가
깊이깊이 참구해서 참나 찾아 결정신을 내리게나
다생겁의 윤회 중에 몸종 노릇 허사란 걸 경험하지 않았던가
그 깨달음에 비추어 세상 일에 응해가며
보림수행하는 일에 방심하지 않아서
구경각을 성취 후에 모든 류를 구제해서
큰 불은 갚음만이 두고두고 할 일일세, 두고두고 할 일일세

🌸 화엄의 세계

1. 각자 마음 깨닫고 봐요
누리 그 모두가 장엄이네 장엄, 빛의 장엄
어느 하나 마음의 장엄 아닌 게 없네, 없어
다함 없고 끝이 없는 보고 듣는 마음 하나 바로 쓰면
이대로가 무릉도원 화엄의 세계로세

2. 보고 듣고 느끼고 생각하는
그 모든 것 장엄이네 장엄, 빛의 장엄
어느 하나 빛의 장엄 아닌 게 없네, 없어
다함 없고 끝이 없는 보고 듣는 마음 하나 바로 쓰면
이대로가 화장세계 장엄의 세계로세

🌸 일체유심조

듣는 나를 내가 보니
바탕 없는 그 몸에

갖은 묘용 지녀 있어
오고 감은 물론이요

일체 모두 지어내고
그걸 또한 응용하여

자유자재 그 능력
못하는 것 하나 없네

온 누리에 펼쳐놓고
어울려 누려사세

이리 좋은 자기능력
전혀 몰라 헤매이는

세상 사람 갖은 고통
몸종 노릇 결과이니

마음 나된 삶으로써
억겁 굴레 벗어나서

맘이 지닌 능력회복
한시 빨리 이루어서

영원한 본래 삶을
같이 누려 살아 가세

(아리랑후렴)

함께 이뤄 누립시다
함께 이뤄 누립시다

어화둥둥 좋고 좋아
얼씨구나 좋고 좋다

이 마음이 내가 된 삶
이렇게도 상상밖에

달라질 수 있을까-
너무나도 달라져서

내자신이 놀라웁고
놀라워서 뭐라못해

조용하고 차분함 속
이 즐거움 말로 못해

온 누리를 선 자리서
볼 수 있는 능력이여

과거일을 알 수 있고
미래일을 예감하는

지혜능력 갖춰있어
실수란 것 없는 삶-

꿈 세계도 창조하는
모두 지닌 능력이니

뜻 있으면 가능하니
이 아니 전능한가

(아리랑 후렴)

전능으로 베풀어서
모두 함께 즐겨가며

후세들을 깨우는 낙
함께 하는 삶이니

이 아니들 좀도 좋고
얼씨구나 좋고 좋다

이 능력과 이 힘이면
온 세상을 바꿔 놓는

그 어떠한 일이라도
어려울게 뭐 있으리

뜻있으면 길이 있고
길있으면 하면 되는

이리 좋은 그 방법이
맘이 나된 그거로세

이리 좋은 길을 두고
안할 사람 뉘 있으리

이 일만이 길이길이
행복누릴 길이로세

넓고 넓은 누리 정원
펼쳐 놓고 모두 함께

손에 손을 서로잡고
함께 누린 삶으로써

일상이 된 이런 삶이
맘이 나 된 결과로세

이런 일을 아니하고
그 무엇을 할것인가

모두 모두 맘이 나된
그 일 실천 꼭 하여서

태평세월 함께 누린
그런 삶을 누려보세

얼씨구나 좀도 좋고
절씨구나 좋고 좋다

(아리랑 후렴)

내 마음 내가 된 삶

내 마음 내가 된 삶
모두들 살아봐요

신기하고 신기하다
신기하고 신기해
(세번 반복)

내 마음 내가 되니
영원한 삶이로세

신기하고 신기하다
신기하고 신기해
(세번 반복)

내 마음 내가 되니
안되는 일 없구나

신기하고 신기하다
신기하고 신기해
(세번 반복)

(아리랑 후렴)

꿈 세계도 창조한데
무엇인들 안될건가

신기하고 신기하다
신기하고 신기해
(세번 반복)

원근거리 상관없이
동시에 이르르니

신기하고 신기하다
신기하고 신기해
(세번 반복)

산하석벽 걸림 없이
자유로이 오고가니

신기하고 신기하다
신기하고 신기해
(세번 반복)

(아리랑 후렴)

상대방의 마음도
읽어낼 수 있으니
그 아니 신기한가

신기하고 신기하다
신기하고 신기해
(세번 반복)

과거 현재 미래 일을
앞 일처럼 아는 능력

신기하고 신기하다
신기하고 신기해
(세번 반복)

내 마음 내가 되면
이런 자유 누려사니
그 아니 신기한가

신기하고 신기하다
신기하고 신기해
(세번 반복)

온 누리의 모든 사람
이 행복을 같이 누려
살아들 봅시다

신기하고 신기하다
신기하고 신기해
(세번 반복)

아리랑 아리랑 아라리요
아리랑 고개로 넘어간다

좀도 좋다

듣는 나를 알지 못해
생활하는 그 가운데
알고파서 명상한데

어허 참말 이럴수가
창피하고 창피하다
창피하고 창피해-

듣는 그 곳 살펴보면
허공처럼 텅텅비어
어찌해야 옳을지를

어허 참말 이럴수가
창피하고 창피하다
창피하고 창피해-

허공처럼 비었으나
그게 듣고 대답하니
그게 바로 내 아닐까

어허 참말 이럴수가
창피하고 창피하다
창피하고 창피해-

그러다가 깨달으니
나고 죽음 본래없는
온통 온통 나로구나

얼씨구야 절씨구야
좀도 좋고 좀도 좋다
좀도 좋고 좀도 좋아

맘이 나 된 삶을 사니
낙원 따로 없는 것을
멍청하게 살았구려

얼씨구야 저절시구
좀도 좋고 좀도 좋다
좀도 좋고 좀도 좋아

꿈의 세계 창조했던
그 능력은 오직 하나
맘이 나된 때문일세

얼씨구야 저절시구
좀도 좋고 좀도 좋다
좀도 좋고 좀도 좋아

이 마음이 내가 되니
천리 만리 시차없고
아니된 일 전혀 없네

얼씨구야 저절시구
좀도 좋고 좀도 좋다
좀도 좋고 좀도 좋아

낙원의 삶이 아닌가
영원의 삶이 아닌가
맘이 나 된 삶을 사세

얼씨구야 저절시구
좀도 좋고 좀도 좋다
좀도 좋고 좀도 좋아

🌸 그 말씀

1. 님들의 고구정녕 그 말씀 맘에 새기세
그러면 오는 날엔 행복을 누리며
이웃들을 도우며 살리
개미처럼 개미처럼 개미처럼
개미처럼 개미처럼 개미처럼
개미처럼 개미처럼 개미처럼
이것저것 논하려 하지 말고 서로가
서로를 도와 세상을 이끄는 데 노력하면
이 세상의 그 어떠한 일일지라도
못 이룰 일 없을 것일세
꿀벌처럼 꿀벌처럼 꿀벌처럼
꿀벌처럼 꿀벌처럼 꿀벌처럼
꿀벌처럼 꿀벌처럼 꿀벌처럼

2. 님들의 가르침을 실행한 덕으로써
마음에 갖추어진 갖가지 능력을
부려 써서 누리는 삶을
개미처럼 개미처럼 개미처럼
꿀벌처럼 꿀벌처럼 꿀벌처럼
더불어 함께하면 별유천지 눈앞에 일이로세
이 모든 것이 참고 참아 극복해 이겨냈던
그 공덕의 결실이로세 그 공덕의 결실이로세
구름위의 백학처럼 구름위의 백학처럼 구름위의 백학처럼
함께누려 살아가세 함께누려 살아가세 함께누려 살아가세

웃고 살자

1. 아하하하 우습다 아하하하 우스워
제 그림자 모르고 저라 하는 사람 보고 아니 웃고 울랴
아하하하 우습다 아하하하 우스워(3번 반복)
여섯 도적 종노릇에 헌신하는 사람 보고 아니 웃고 울랴
아하하하 우습다 아하하하 우스워
저승세계 코앞인데 대비 없는 사람 보고 아니 웃고 울랴
아하하하 우습다 아하하하 우스워(3번 반복)
참나 찾지 아니하고 허송하는 사람 보고 아니 웃고 울랴
아하하하 우습다 아하하하 우스워(3번 반복)
아리랑 아리랑 아라리요
아리랑 고개를 넘어간다
나를 버리고 가시는 님은
십 리도 못 가서 되돌아온다

2. 즐겁고도 즐겁다 즐겁고도 즐거워(3번 반복)
좋은 인연 있었던가 거룩한 이 만나서 참나 찾은 이 행운이
즐겁고도 즐겁다 즐겁고도 즐거워(3번 반복)
이 행운을 나 혼자서 누리기에 아쉬워 인도하려 나섰는데
아리랑 아리랑 아라리요 아리랑 아리랑 아라리가 났네
즐겁고도 즐겁다 즐겁고도 즐거워(3번 반복)
영원한 나 찾음으로 한순간에 성취한 낙원의 삶 권하나니
즐겁고도 즐겁다 즐겁고도 즐거워(3번 반복)
우리 모두 다 함께 얼싸안고 누리는 그런 세상 노력하세
즐겁고도 즐겁다 즐겁고도 즐거워(3번 반복)
아리랑 아리랑 아라리요
아리랑 고개를 넘어간다
청천 하늘엔 잔별도 많고
이내 가슴엔 희망도 많다

서로서로 나누면서

버들 푸르고 꽃 만발하고 나비 춤이더니
녹음이 우거지고 매미들의 노래 가득한 천지
울긋불긋 고운 단풍 어제인 듯한데 눈이 오네
우리 모두의 삶 저러하고 저렇지 않던가
보기도 아까웁고 소중한 형제 자매들이니
서로서로 나누면서 짧은 우리네 삶을 즐김으로 살아가세

사람 사는 이치

이 세상 사람들 사는 것
농부들 농사를 짓는 것과
조금도 다를 바 없는 이치이니
여러분 귀 기울여 들어보시오
얼씨구나 좋네 지화자 좋네 아니아니 그러한가

봄이 되면 깊이깊이 간직해 둔 씨곡식을
꺼내다 땅을 파고 다듬어서 골을 파고 뿌린 후에
오뉴월 쩜더위에 구슬땀을 흘리면서
김을 매어 가꾸는 것은 엄동설한 추운 날에
사랑하는 부모님과 아내 자식들 모두
잘 지내게 하려는 깊은 뜻에서라네
얼씨구나 좋네 지화자 좋네 아니아니 그러한가

어떤 이가 말을 하기를 늘 현재만을 즐겁게 살자
강변함을 보았는데 좋은 말이기는 하지만
그 말은 자칫하면 희망이 없는 잘못된 말이라네
그러므로 내일을 위하여 오늘의 어려움을 즐기면서
밝게밝게 살아갑시다
얼씨구나 좋네 지화자 좋네 아니아니 그러한가

 불법 공부

 좋구나

1. 이 세상 사는 분들게
권하오니 나를 찾는
이뭐꼬 화두 공부를
곰곰이 챙기고 챙겨
쉬지 않고 하다보면
하늘땅도 흔적 없이
사라지고 몸 없는 내가
환한 웃음 짓는 날이
있을테니 결정신을
내리어서 우리 함께
길이길이 누립시다

2. 불법 만난 이 다행을
그 무엇과 비교하랴
이 다행을 만났을 때
최선 다한 실행으로
금생에서 크게 깨쳐
불보살님 칭찬 받는
오후보림 필히 마쳐
중생 다한 그때까지
님의 은혜 갚을 것을
굳은 의지 맹서로써
다짐하고 다짐하세

3. 때가 없고 장소 없이
뜻을 따라 이뤄지는
이리 좋은 세상살이
본래부터 갖춰짐을
누리는 삶 우리 모두
일심동체 그리 되어
이 생 저 생 할 것 없이
얼씨구나 절씨구나
노래하고 춤도 추며
천생만생 누립시다
길이길이 누립시다

좋구나
이곳이 어때서
낙원에 장소가 있나요

마음이 착하면
선 곳이 무릉도원
이런 삶이 참 삶이라네

미소를 지으며
손에 손을 잡고서
태평가를 모두들 불러요

우리들 이렇게 서로 만나 사는 것
백겁천생 인연이라네

세월아 맞춰라
내 즐기고 즐기며
함께하는 이들에게 위로를 하려네

 나는 바보

나는 바보다 나는 바보야
역지사지 알다보니 바보가 되었네
그렇지만 내 주위는 언제나 웃음이 있고
나눔이 있어 행복하다네
나는 나는 그런 바보야
나는 나는 그런 바보야

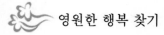 영원한 행복 찾기   불법

1. 사람 사람마다
지닌 그 마음이
내가 된 삶으로
살아 가노라면
자연 알게 되네

둥글고 둥글게
모남없이 살자
(세번 반복)

마음 먹은대로
하고 싶은대로
척척 이뤄지고
꿈을 창조하던
능력 부린 날도
멀지 않으리니

둥글고 둥글게
모남없이 살자
(세번 반복)

노력 실천 다해
영원한 삶으로
영원한 행복을
함께 누려보세
함께 누려보세

둥글고 둥글게
모남없이 살자
(세번 반복)

2. 사람 사람마다
맘을 깨달아서
맘이 내가 되면
평등 그 자체라
자연인이 되어

둥글고 둥글게
모남없이 살자
(세번 반복)

서로 어울려서
나눈 인간미들
행복 그 자체며
오간 말들마다
온화한 그 체취

둥글고 둥글게
모남없이 살자
(세번 반복)

차별없는 베풂
풍족한 맘이고
가족같은 일상
낙원의 이 삶을
함께 누려보세
함께 누려보세

둥글고 둥글게
모남없이 살자
(세번 반복)

불법은 내게 있어
첫째도 둘째에도
내 삶의 이유이고
내 삶의 온통이며
마음의 광채이고
마음의 자비이며
자비의 실천이고
자비의 일상이며
희망의 꽃밭이고
희망의 피안이며
서원의 동력이고
서원의 자산이며
모두의 태평이고
모두의 영원일세

금강의 노래 1

일 없는 경지인 부처님, 중생 위해
한순간도 쉼 없이 일심전력 쏟으시네.

사위국 기수급고독원서 1250명의 비구
들과 계실 때 세존께서 공양 때가 되자
가사 입고 발우 들고 사위성에 들어 차
례차례 비신 후에 본 곳에 오셔 드시고
가사 발우 거둔 다음 발 씻고 자리 펴 앉
으셨네.

이때 장로 수보리 대중 가운데 있다가
자리에서 일어나 오체투지로 앉아 공경
히 합장하고 부처님께 여쭙기를
"희유합니다. 세존이시여. 모든 수행하
는 보살들에게 잘 생각하여 지키게 하시
고 잘 부촉하셨습니다. 그러나 세존이시
여 아뇩다라삼먁삼보리 마음을 내어 어
떻게 머무르며 어떻게 그 마음을 항복시
켜야 합니까?"
"착하고도 착하구나. 수보리야. 네가
말한 대로 여래는 모든 보살들이 잘 생
각하여 지키게 하였고 모든 보살들에게
잘 부촉하였다. 그러나 제삼 청하니 너
희들은 자세히 듣거라. 그대들을 위해
일러주리라.
선남자 선여인들이여, 아뇩다라삼먁삼
보리 마음을 내어 마땅히 이러-히 머물
고 이러-히 그 마음을 항복시켜야 하니
라."

금구성언 말씀대로 실천 다해
내 기어이 성취하여 구류 구제
최선 다해 큰 은혜를 보답하리

"그러하오나 세존이시여. 정말 그렇습
니다만 바라옵건대 보다 더 자세히 듣고
자 하나이다."
부처님께서 수보리에게 말씀하시기를
"모든 보살마하살은 마땅히 이러-히 그
마음을 항복시켜야 하니라. 내가 모든
중생들인 아홉 가지 무리들을 모두 남김
없이 열반에 들게 하여 이러-히 한량없
고 수없고 끝없는 중생을 멸도해서는 진
실로 멸도 얻은 중생이 없어야 하니라.
왜냐하면 수보리야 만일 보살이 아상,
인상, 중생상, 수자상이 있다면 곧 보살
이라 할 수 없기 때문이다.
수보리야, 보살은 마땅히 법에도 머무
름 없이 보시를 해야 하는 것이니 색에
머무름 없이 보시를 해야 하며, 소리나
향기나 맛이나 촉감이나 법에도 머무름
없이 보시를 해야 하니라.
수보리야, 마땅히 보살은 이러-히 보시
를 하여 모든 상에 머무름이 없어야 하
는 것이니, 만약 보살이 상에 머무름 없
이 보시를 하면 그로 인한 복덕은 생각
으로 헤아릴 수 없느니라. 왜냐하면 끝
없는 미래에 누리기 때문이니라.
그대는 어떻게 생각하느냐? 몸과 모
양으로 여래를 볼 수 있겠느냐, 없겠느
냐?"
"볼 수 없습니다. 세존이시여. 몸과 모
양으로는 여래를 볼 수 없습니다. 왜냐
하면 여래께서 말씀하신 몸과 모양은 곧
몸과 모양이 아니기 때문입니다."

"수보리야, 무릇 있는 바 상이 모두 허망하다고들 하나 만약 모든 상이 상 아님을 보면 바로 여래를 본 것이니라."

금구성언 말씀대로 실천 다해
내 기어이 성취하여 구류 구제
최선 다해 큰 은혜를 보답하리

수보리가 부처님께 여쭈었다.
"이상과 같은 말씀을 듣고 참답게 믿음을 낼 중생이 있겠습니까?"
"수보리야, 그런 말을 말라. 내가 열반한 뒤 오백 세가 지난 후라도 계행을 갖추고 복을 닦는 사람이 있어서 이 글귀에 능히 믿는 마음을 내어 이로써 참다움을 삼을 것이니라.
마땅히 알라. 이 사람은 한 부처님, 두 부처님, 세 부처님, 네 부처님, 다섯 부처님에게만 선근을 심은 것이 아니라 이미 한량없는 천만 부처님 처소에서 선근을 심었기에 이 글귀를 듣고 지극한 한 생각에 깨끗한 믿음을 내니라."

금강반야바라밀
금강반야바라밀
금강반야바라밀

금구성언 말씀대로 실천 다해
내 기어이 성취하여 구류 구제
최선 다해 큰 은혜를 보답하리

금강의 노래 2

일 없는 경지인 부처님, 중생 위해
한순간도 쉼 없이 일심전력 쏟으시네.

수보리가 부처님께 여쭈었다.
"세존이시여, 부처님께서 아뇩다라삼먁
삼보리를 얻으셨다 하나 얻은 바 없습니
다."
"그렇고 그렇다 수보리야. 나에게는 아
뇩다라삼먁삼보리나 그 어떤 조그마한
법도 얻음이 없으니 이를 이름하여 아뇩
다라삼먁삼보리라 하니라.
수보리야 이 법은 평등하여 높고 낮음
이 없기에 이를 이름하여 아뇩다라삼먁
삼보리라 하니라. 아도 없고, 인도 없고,
중생도 없고, 수자도 없이 모든 선법을
닦아야 곧 아뇩다라삼먁삼보리를 얻느니
라.

금구성언 말씀대로 실천 다해
내 기어이 성취하여 구류 구제
최선 다해 큰 은혜를 보답하리

수보리야 선법이라고 말한 것도 여래가
곧 선법도 아닌 이것을 이름하여 선법이
라 할 뿐이니라.
수보리야 만일 어떤 사람이 삼천대천세
계 가운데 있는 모든 수미산왕만 한 일
곱 가지 보배 무더기로 보시한다 해도
이 반야바라밀경의 네 글귀 게송만이라
도 받아 지녀 읽고 외워서 다른 사람을
위하여 설하여 주는 이가 있다면 앞에서
일곱 가지 보배로 보시한 복덕으로는 백

천만억의 일에도 미칠 수 없느니라.
왜냐하면 그 복덕은 끝없는 미래에 누
리기 때문이니라.

다른 사람을 위하여 어떻게 말하여 주
겠느냐?
취할 상이란 것도 없으니 이러-하고 이
러-해서 움직임이 없도록 하라.
왜냐하면 모든 함이 있는 법은 꿈 같고,
허깨비 같고, 물거품 같고, 그림자 같으
며, 이슬 같고, 번개 같아서 마땅히 이
러-히 보아야 하기 때문이니라.

금구성언 말씀대로 실천 다해
내 기어이 성취하여 구류 구제
최선 다해 큰 은혜를 보답하리

🌸 반야의 노래

일 없는 경지인 부처님, 중생 위해
한순간도 쉼 없이 일심전력 쏟으시네

내면 향해 비춰보는 지혜로써 이 몸 공함 바로 보아
나고 죽는 모든 괴로움 벗어나신 관자재의 말씀
들어보오

색이라 하나 공과 다르지 아니하고
공이라 하나 색과 다르지 아니하여
색 그대로 공이고, 공 그대로 색이며
받는 것, 생각하는 것, 행하는 것, 분별도 그렇다네

모든 법의 상도 또한 공했나니
나고 죽음 본래 없고 더럽지도 깨끗지도 아니하며
늘지도 줄지도 않는다네

금구 성언 옳은 말씀
수행이란 힘이 들어도
고비 넘겨 이뤄만 봐요
더 없는 행복을 이루네

공 가운데 색 없어서, 받는 것, 생각하는 것, 행하
는 것, 분별도 없고
눈과 귀와 코와 혀, 몸과 뜻도 없고
빛과 소리, 향기와 맛, 닿는 것과 법도 없어
눈으로 볼 경계 없어 뜻으로 분별할 경계도 없고
무명 없고 무명 다함 또한 없다시네
그러므로 늙고 죽음 없고, 늙고 죽음 다한 것도
본래 없어
고와 집과 멸과 도도 없다 하고
지혜도 없고 또한 얻음마저 없으니, 얻을 바 없는
까닭이라네

금구 성언 옳은 말씀
이 경지가 힘이 들어도
굽이 넘겨 이뤄만 봐요
영원한 행복을 이루네

보살님들 반야바라밀다를 의지하는 까닭으
로 마음에 걸림 전혀 없고
걸림 없는 까닭으로 두려움이 전혀 없어
엎어지고 거꾸러진 꿈결 같은 생각들이
전혀 없어 마침내 열반이라네

삼세 모든 부처님도 지혜로써 저 언덕에 이
르름을 의지한 고로
무상정변정각 이뤘나니 그러므로 알지어다
반야바라밀다는 이러-히 크게 신령한 주며
이러-히 크게 밝은 주며
이러-히 위없는 주며 이러-히 차별 없는 차별
하는 주라
능히 모든 괴로움을 없앤다 함 진실이지 거
짓 없네

아제 아제 바라아제 바라승아제 모지 사바하
아제 아제 바라아제 바라승아제 모지 사바하
아제 아제 바라아제 바라승아제 모지 사바하

금구 성언 옳은 말씀
이 경지를 최선을 다해
이룬다면 끝없는 삶에
영원한 행복을 이루네

치유의 노래

요즈음의 우울증과 가지가지 신경성 질환에 시달리는 사람들
세상에서 들리는 저 모든 소리들을
나의 내면에서 듣는 곳을 향해 비춰보오
쉬운 일은 아니지만 포기하지 않고
듣는 곳을 향해 보고 또 보는 것을
하루 이틀 한 달 두 달 지속하다 보면
어느 날 밖이 없는 고요를 체험하게 될 것일세
얼씨구나 좋네 지화자 좋네 아니아니 그러한가

그 고요를 지속하도록 노력하노라면
어느 날 대상 없는 미소와 동시에 편안함을 체험하게 될 것일세
밖이 없는 이 고요의 편안함을 즐기다 보면
어느 날 밖의 어느 인연을 맞아 그 실체인 자신을 발견할 것일세
이 실체를 발견한 뒤 세상을 살아가는 과정에서
어려운 일이 있으면 바로 그 실체에 비춰 보게
그 어려운 것들이 사라지고 밖이 없는 고요로운 실체의 자신이
대상 없는 미소를 짓게 될 것일세
얼씨구나 좋네 지화자 좋네 아니아니 그러한가

효

1. 아들 딸이 귀엽고 사랑스런 그 속에 우리들의 부모님
어려움에도 끝내 가르치고 기른 정 이제 읽으며
늦은 눈물로써 불초를 뉘우치며 맹세하고 다짐하는
아들 딸이 여기 있으니, 건강히 오래만 사시기를
손 모아 손을 모아 간절하게 바라고 또 바라는
기도를 하옵니다 부모님 입이 귀에 걸리시게 할 겁니다

2. 어렵고도 어려운 보릿고개 그 속에 우리들을 먹이고
가르치느라 정말 그 얼마나 고생이 되셨습니까
허리 두 끈으로 졸라맨 아픔으로 사셨죠
정말정말 오래도록 건강하게만 계셔주신다면
아들 딸을 낳으시고 길러주신 그 노고에 크게 보답할 겁니다
아버님 어머님의 입이 귀에 걸리시게 할 겁니다

🌸 내 말 좀 들어봐요

모두모두 내 말 좀 들어봐요
이 몸이 내가 아니라 이 마음이 나 아닌가
살아가는 생활 속에 명상을 하여
이 맘 찾아 나를 삼아 살아를 봐요
모든 속박 모든 괴롬 벗어나는 아주 좋은 일이니
이제라도 안 늦으니 명상으로 뜻 이루어
영원한 생명, 영원한 행복 우리 모두 누려들 보세
사막화를 막고 사막 경영 시대를 열자

사막화로 급속히 변해가는 이 지구를
방치해선 아니 되네 방치하면
지구가 생긴 이래 최악의 상태 됨은
불을 보듯 뻔한 일일세, 하지만

육십 억의 온 인류가 한 마음 한 뜻 되어
황무지는 돌나물로 푸른 초원 만들고
확장되는 사막화를 배수관의 바닷물로 막는다면
지구가 생긴 이래 가장 살기 좋은 시대를
인류는 맞을 걸세

아리랑 아리랑 아라리요
아리랑 고개를 넘어간다
청천 하늘엔 잔별도 많고
이내 가슴엔 희망도 많다

🌸 사막은 지구의 심장

21세기는 사막 경영 시대를 열어
연구에 노력을 다한다면
지상 낙원이 인류에게 달려와서 맞을 걸세

육십 억의 온 인류가 손에 손잡고 한 뜻 되어
사랑하는 마음으로 역경을 헤쳐 나가
사막화를 막고 황무지를 초원으로
살기 좋은 지구촌을 이뤄보세
살기 좋은 지구촌을 이뤄보세

아리랑 아리랑 아라리요
아리랑 고개를 넘어간다
청천 하늘엔 잔별도 많고
이내 가슴엔 희망도 많다

🌸 이때 우리는

1. 화산의 폭발로 해서 사람들과 모든 것이 용암펄로 화해버린
이 막막한 우리들을 올바르게 영원으로 끌어주실
성인 중의 성인이신 불보살님 나라에 가 나는 게 꿈이네

2. 태풍이 인가를 덮쳐 다정했던 이웃들은 간 곳 없고
어지러운 벌판 되어 처참하고 참담하기 그지없는 무상한
이 현실에 의지할 분, 생명 밝혀 영원케 한 부처님 뿐이네

3. 지진이 우리의 삶을 삼켜버려 초토화가 되어버린
허망하기 그지없는 우리들의 현실에선 사방천지 둘러봐도
의지해야 할 분은 자신 깨쳐 누리라 한 부처님 뿐이네

🌸 잘 사는 비결

참지 못한 결과는 어려움이 닥치고
참고 참는 결과는 좋은 일이 온다네
친구들아 모든 일 힘을 합쳐 맞으면
못 이룰 일 없지만
니 떡 너 먹고 내 떡 나 먹는 그럼 마음 쓴다면
될 일도 아니 된다네
우리 서로 뜻을 합쳐 모두모두 잘 살아보세
이미 이룬 과학문명 선용을 해서 용맹심을 내어
모든 일에 임한다면 행복이 줄을 서서 올 걸세
아리랑 아리랑 아라리요
아리랑 고개를 넘어간다
청천 하늘엔 잔별도 많고
이내 가슴엔 희망도 많다

용서한 결과로는 웃는 날을 맞이하고
베푼 뒤엔 참 좋은 이웃들이 생기네
친구들아 서로들 힘을 합쳐 임하면
못할 일이 없지만
니 떡 너 먹고 내 떡 나 먹는 그런 마음 쓴다면
될 일도 아니 된다네
오늘부터 뜻을 합쳐 우리 한번 잘 살아보세
이미 이룬 과학문명 선용을 해서 용맹심을 내어
모든 일에 임한다면 행복이 줄을 서서 올 걸세
아리랑 아리랑 아라리요
아리랑 고개를 넘어간다
청천 하늘엔 잔별도 많고
이내 가슴엔 희망도 많다

🌸 만들자

1. 빌딩숲의 실외기 열
   오고가는 차 배기가스
   사람소리 기계소리를
   원림 속의 새소리와
   개울소리 미풍소리
   그것으로 만들자 만들자 만들자

2. 이익 따져 주고받는
   설왕설래 어지러움
   높고 낮은 금속음들을
   매미소리 물소리와
   노래하는 환경으로
   우리 함께 만들자 만들자 만들자

3. 하늘 맑고 별이 빛난
   조용하고 시상 뜨는
   그런 환경 거닐면서
   손에 손을 마주 잡고
   노래하는 세상으로
   우리 함께 만들자 만들자 만들자

정직하고 착한 마음

1. 정직하고 착한마음
우리모두 실천하면

먼저 가정 화평하고
웃음 꽃에 향내나며

이웃간에 믿음 깊어
서로 소통 이뤄져서

나라위한 일이라면
솔선수범 모두하고

서로 믿는 사회여서
안되는 일 없을걸세

서로 믿고 웃는 사회
우리 모두 힘 모아서
낙원 나라 이뤄내어
세계 이끈 나라 되세

2. 정직하고 착한 행동
우리 모두 실천하면

믿는 마음 두려워져
서로서로 돕게 되고

그리되면 힘 모아서
일일마다 쉬 이뤄져

앞서가는 나라되고
대접받는 국민되어

곳곳에서 우러르는
그런 국민 될 것일세

서로 믿고 웃는 사회
우리 모두 힘 모아서
낙원 나라 이뤄내어
세계 이끈 나라되세

3. 이런 마음 이런 행이
우리 조상 바탕이니

우리 국민 이뤄내어
봉화적인 나라로써

지구촌을 낙원으로
이뤄내는 나라되어

가는 곳곳 두르르는
그런 국민 그런 나라

그런 조상 그런 사상
꽃 피우는 국민 되세

서로 믿고 웃는 사회
우리 모두 힘 모아서
낙원 나라 이뤄내어
세계 이끈 나라 되세

도서출판 문젠(Moonzen)의 책들

1~5. 바로보인 전등록 (전30권을 5권으로)

7불과 역대 조사의 말씀이 1,700공안으로 집대성되어 있는 선종 최고의 고전으로, 깨달음의 정수가 살아 숨쉬도록 새롭게 번역되었다.

464, 464, 472, 448, 432쪽.

각권 18,000원

6. 바로보인 무문관

황룡 무문 혜개 선사가 저술한 공안집으로 전등록, 선문염송, 벽암록 등과 함께 손꼽히는 선문의 명저이다.

본칙 48개와 무문 선사의 평창과 송, 여기에 역저자인 대원 선사의 도움말과 시송으로 생명과 같은 선문의 진수를 맛보여 주고 있다.

272쪽. 12,000원

7. 바로보인 벽암록

설두 선사의 설두송고를 원오 극근 선사가 수행자에게 제창한 것이 벽암록이다.

이 책은 본칙과 설두 선사의 송, 대원 선사의 도움말과 시송으로 이루어져, 벽암록을 오늘에 맞게 바로 보이고 있다.

456쪽. 15,000원

8. 바로보인 천부경

우리 민족 최고(最古)의 경전 천부경을 깨달음의 책으로 새롭게 바로 보였다. 이 책에는 81권의 화엄경을 81자에 함축한 듯한 천부경과, 교화경, 치화경의 내용이 함께 담겨 있으며, 역저자인 대원 선사가 도움말, 토끼뿔, 거북털 등으로 손쉽게 닦아 증득하는 문을 열어 놓고 있다.

432쪽. 15,000원

9. 바로보인 금강경

대원 선사의 『바로보인 금강경』은 국내 최초로 독창적인 과목을 내어 부처님과 수보리 존자의 대화 이면의 숨은 뜻을 드러내고, 자문과 시송으로 본문의 핵심을 꿰뚫어 밝혀, 금강경 전체를 손바닥 안의 겨자씨를 보듯 설파하고 있다.

488쪽. 15,000원

10. 세월을 북채로 세상을 북삼아

대원 선사의 선시가 담긴 선시화집 『세월을 북채로 세상을 북삼아』는 선과 시와 그림이 정상에서 만나 어우러진 한바탕이다.
선의 세계를 누리는 불가사의한 일상의 노래, 법열의 환희로 취한 어깨춤과 같은 선시가 생생하고 눈부시게 내면의 소리로 흐른다.

180쪽. 15,000원

11. 영원한현실

애매모호한 구석이 없이 밝고 명쾌하여, 너무도 분명함에 오히려 그 깊이를 헤아리기 어려운, 대원 선사의 주옥같은 법문을 모아 놓은 법문집이다.

400쪽. 15,000원

12. 바로보인 신심명

신심명은 양끝을 들어 양끝을 쓸어버리는, 40 대치법으로 이루어진, 3조 승찬 대사의 게송이다. 이를 대원 선사가 바로 번역하는 것은 물론, 주해, 게송, 법문을 더해 통쾌하게 회통하고 자유자재 농한 것이 이 『바로보인 신심명』이다.

296쪽. 10,000원

13~17. 바로보인 환단고기 (전5권)

『바로보인 환단고기』 1권은 민족정신의 정수인 환단고기의 진리를 총정리하여 출간하였다. 2권에는 역사총론과 태초에서 배달국까지 역사가 실려 있으며, 3권은 단군조선, 4권은 북부여에서부터 고려까지의 역사가 실려 있다. 5권에는 역사를 증명하는 부록과 함께 환단고기 원문을 실었다.

344 · 368 · 264 · 352 · 344쪽. 각권 12,000원

18~47. 바로보인 선문염송 (전30권)

선문염송은 세계최대의 공안집이다. 전 공안을 망라하다시피 했기에 불조의 법 쓰는 바를 손바닥 들여다보듯 하지 않고는 제대로 번역할 수 없다. 대원 선사는 전 공안을 바로 참구할 수 있게끔 번역하고 각 칙마다 일러보였다.

352 368 344 352 360 360 400 440 376 392 384 428 410 380 368 434 400 404 406 440 424 460 472 456 504 528 488 488 480 512쪽 각권 15,000원

48. 앞뜰에 국화꽃 곱고 북산에 첫눈 희다

대원 선사의 선문답집으로 전강·경봉·숭산·묵산 선사와의 명쾌한 문답을 실었으며, 중앙일보의 <한국불교의 큰스님 선문답> 열분의 기사와 기자의 질문에 대한 대원 선사의 별답을 함께 실었다.

200쪽. 5,000원

49. 바로보인 증도가

선종사에 사라지지 않을 발자취로 남은 영가 선사의 증도가를 대원 선사가 번역하고 법문과 송을 더하였다.

자비의 방편인 증도가의 말씀을 하나하나 쳐가는 선사의 일갈이야말로 영가 선사의 본 의중과 일치하여 부합하는 것이라 아니할 수 없다.

376쪽. 10,000원

50. 바로보인 반야심경

이 시대의 야부(冶父)선사, 대원 선사가 최초로 반야심경에 과목을 붙여 반야심경 내면에 흐르는 뜻을 밀밀하게 밝혀놓고 거침없는 송으로 들어보였다.

264쪽. 10,000원

51~52. 선(禪)을 묻는 그대에게 (전10권 중 2권)

대원 선사의 선수행에 대한 문답집.

깨달아 사무친 경지에 대한 밀밀한 점검과, 오후보림에 대한 구체적인 수행법 제시와, 최초의 무명과 우주생성의 원리까지 낱낱이 설한 법문이 담겨 있다.

280쪽, 272쪽. 각권 15,000원

53. 바로보인 선가귀감

선가귀감은 깨닫고 닦아가는 비법이 고스란히 전수되어 있는 선가의 거울이라 할 만하다. 더욱이 바로보인 선가귀감은 매 소절마다 대원 선사의 시송이 화살을 과녁에 적중시키듯 역대 조사와 서산대사의 의중을 꿰뚫어 보석처럼 빛나고 있다.

352쪽. 15,000원

54. 바로보인 법융선사 심명

심명 99절의 한 소절, 한 소절이 이름 그대로 마음에 새겨두어야 할 자비광명들이다.
이 심명은 언어와 문자이면서 언어와 문자를 초월한 일상을 영위하게 하는 주옥같은 법문이다.

278쪽. 12,000원

55. 주머니 속의 심경

반야심경은 부처님이 설하신 경 중에서도 절제된 경으로 으뜸가는 경이다. 대원 선사의 선송(禪頌)도 그 뜻을 따라 간략하나 선의 풍미를 한껏 담고 있다. 하루에 한 소절씩을 읽고 참구한다면 선 수행의 지름길이 될 것이다.

84쪽. 5,000원

56. 바로보인 법성게

법성게는 한마디로 화엄경의 핵심부를 온통 훤출히 드러내놓은 게송이다. 짧은 글 속에 일체의 법을 이렇게 통렬하게 담아놓은 법문도 드물 것이다.
이렇게 함축된 법성게 법문을 대원 선사가 속속들이 밀밀하게 설해놓았다.

176쪽. 10,000원

57. 달다 - 전강 대선사 법어집

이제는 전설이 된 한국 근대선의 거목인 전강 선사님의 최상승법과 예리한 지혜, 선기로 넘쳤던 삶이 생생하게 담겨 있는 전강 대선사 법어집 < 달다 > !
전강 대선사님의 인가 제자인 대원 선사가 전강 대선사님의 법거량과 법문, 일화를 재조명하여 보였다.

368쪽. 15,000원

58. 기우목동가

그 뜻이 심오하여 번역하기 어려웠던 말계지은 선사의 기우목동가!
대원 선사가 바른 뜻이 드러나도록 번역하고, 간결한 결문과 주옥같은 선송으로 다시 보였다.

146쪽. 10,000원

59. 초발심자경문

이 초발심자경문은 한문을 새기는 힘인 문리를 터득하게 하기 위하여 일부러 의역하지 않고 직역하였다.
대원 선사의 살아있는 수행지침도 실려 있다.

266쪽. 10,000원

60. 방거사어록

방거사어록은 선의 일상, 선의 누림을 보여
주는 대표적인 선문이다. 역저자인 대원 선
사는 방거사어록의 문답을 '본연의 바탕에서
꽃피우는 일상의 함'이라 말하고 있다. 법의
흔적마저 없는 문답의 경지를 온전하게 드
러내 놓은 번역과, 방거사와 호흡을 함께 하
는 듯한 '토끼뿔'이 실려 있다.

306쪽. 15,000원

61. 실증설

이 책의 모태는 대원 선사가 2010년 2월 14
일 구정을 맞이하여 불자들에게 불법의 참
뜻을 보이기 위해 홀연히 펜을 들어 일시에
써내려간 이 책의 3부이다. 실증한 이가 아
니고는 설파할 수 없는 일구 도리로 보인 이
3부와 태초로부터 영겁에 이르는 성품의 이
치를 문답과 인터뷰 법문으로 낱낱이 설한
1, 2를 보아 실증하기를…

224쪽. 10,000원

62. 하택신회대사 현종기

육조대사의 법이 중국천하에 우뚝하도록 한
장본인, 하택신회대사의 현종기. 세간에 지
해종도로 알려져 있는 편견을 불식시키는
뛰어난 깨달음의 경지가 여기에 담겨있다.
대원 선사가 하택신회대사의 실경지를 드러
내고 바로보임으로써 빛냈다.

232쪽. 10,000원

63. 불조정맥 - 韓·英·中 3개국어판

석가모니불로부터 현 78대에 이르기까지 불조정맥진영(佛祖正脈眞影)과 정맥전법게(正脈傳法偈)를 온전하게 갖춘 최초의 불조정맥서. 대원 선사가 다년간 수집, 정리하여 기도와 관조 끝에 완성한 『불조정맥』을 3개국어로 완역하였다.

216쪽. 20,000원

64. 바른 불자가 됩시다

참된 발심을 하여 바른 신앙, 바른 수행을 하고자 해도, 그 기준을 알지 못해 방황하는 불자님들을 위해 불법의 바른 길잡이 역할을 하도록 대원 선사가 집필하여 출간하였다.

162쪽. 10,000원

65. 누구나 궁금한 33가지

21세기의 인류를 위해 모든 이들이 가장 어렵고 궁금해 하는 문제, 삶과 죽음, 종교와 진리에 대한 바른 지표를 제시하고자 대원 선사가 집필하여 출간하였다.

180쪽. 10,000원

66. 108진참회문 - 韓·英·中 3개국어판

전생의 모든 악연들이 사라져 장애가 없어지고, 소망하는 삶을 살게 하기 위해 대원선사가 10계를 위주로 구성한 108 항목의 참회문이다. 한 대목마다 1배를 하여 108배를 실천할 것을 권한다.

170쪽. 15,000원

67. 달마의 일할도 허락지 않는다

대원 선사의 짧고 명쾌한 법문집.
책을 잡는 순간 달마의 일할도 허락지 않는 선기와 맞닥뜨리게 될 것이다. 때로는 하늘을 찌를 듯한 기세와, 때로는 흔적 없는 공기와도 같은 향기를 일별하기를…

190쪽. 10,000원

68. 마음대로 앉아 죽고 서서 죽고

생사를 자재한 분들의 앉아서 열반하고 서서 열반한 내력은 물론 그분들의 생애와 법까지 일목요연하게 수록해놓았다.

446쪽. 15,000원

69. 화두 - 韓·英·中 3개국어판

『화두』는 대원 선사의 평생 선문답의 결정판이다. 생생하게 살아있는 선(禪)을 한·영·중 3개국어로 만날 수 있다. 특히 대원 선사의 짧은 일대기가 실려 있어 그 선풍을 음미하는 데에 큰 도움을 주고 있다.

440쪽. 15,000원

70. 바로보인 간당론

법문하는 이가 법리를 모르고 주장자를 치는 것을 눈먼 주장자라 한다. 법좌에 올라 주장자 쓰는 이들을 위해서 대원 선사가 간당론에서 선리(禪理)만을 취하여 『바로보인 간당론』을 출간하였다.

218쪽. 20,000원

71. 완전한 우리말 불공예식법

부처님께 공양을 올리고 불보살님의 가피를 구하는 예법 등을 총칭하여 불공예식법이라 한다. 대원 선사가 이러한 불공예식의 본뜻을 살려서 완전한 우리말본 불공예식법을 출간하였다.

456쪽. 38,000원

72. 바로보인 유마경

유마경은 가히 불법의 최정점을 찍는 경전이라 할 것이니, 불보살님이 교화하는 경지에서의 깨달음의 실경과 신통자재한 방편행을 보여주는 최상승 경전이다. 대원 선사가 < 대원선사 토끼뿔 >로 이 유마경에 걸맞는 최상승법을 이 시대에 다시금 드날렸다.

568쪽. 20,000원

73. 실증설 5개국어판 - 韓 · 英 · 佛 · 西 · 中

대원 선사가 불법의 참뜻을 보이기 위해 홀연히 펜을 들어 일시에 써내려간 실증설! 실증한 이가 아니고는 설파할 수 없는 도리로 가득한 이 책이 드디어 영어, 불어, 스페인어, 중국어를 더하여 5개국어로 편찬되었다.

860쪽. 25,000원

74. 누구나 궁금한 33가지 3개국어판 - 韓 · 英 · 中

누구라도 풀어야 할 숙제인 33가지의 의문에 대한 답을 21세기의 현대인에게 맞는 비유와 언어로 되살린 『누구나 궁금한 33가지』가 한글, 영어, 중국어 3개국어로 출간되었다.

408쪽. 15,000원

75. 달마의 일할도 허락지 않는다 3개국어판 - 韓·英·中

대원 선사의 짧고 명쾌한 법문집인 『달마의 일할도 허락지 않는다』가 한글, 영어, 중국어 3개국어로 출간되었다. 전세계에서 유일하게 활선의 가풍이 이어지고 있는 한국, 그 가운데에서도 불조의 정맥을 이은 대원 선사가 살활자재한 법문을 세계로 전하고 있는 책이다.

308쪽. 15,000원

76~102. 화엄경 (전81권 중 30권)

대원 선사는 선문염송 30권, 전등록 30권을 모두 역해하여 세계 최초로 1,463칙 전 공안에 착어하였다. 이러한 안목으로 대천세계를 손바닥의 겨자씨 들여다보듯 하신 불보살님들의 지혜와 신통으로 누리는 불가사의한 화엄세계를 열어 보였다.

206, 256, 264, 278, 240, 288, 276, 224, 220, 236, 200, 208, 252, 224, 258, 302, 270, 249, 288, 244, 234, 228, 282, 240, 225, 220, 240 264, 224, 237쪽.

각권 15,000원

103. 법성게 3개국어판 - 韓·英·中

법성게는 한마디로 화엄경의 핵심부를 훤출히 드러내놓은 게송으로 짧은 글 속에 일체 법을 고스란히 담아 놓았다. 대원 선사의 통쾌한 법성게 법문이 한영중 3개국어로 출간되었다.

376쪽. 15,000원

104. 정법의 원류

『정법의 원류』는 불조정맥을 이은 정맥선원의 소개서이다. 정맥선원은 불조정맥 제77조 조계종 전강 대선사의 인가 제자인 대원 전법선사가 주재하는 도량이다. 『정법의 원류』를 통해 정맥선원 대원 선사의 정맥을 이은 법과 지도방편을 만날 수 있다.

444쪽. 20,000원

105. 바로보인 도가귀감

도가귀감은, 온통인 마음〔一物〕을 밝혀 회복함으로써, 생사를 비롯한 모든 아픔과 고를 여의어, 뜻과 같이 누려서 살게 하고자 한 도교의 뜻을, 서산대사가 밝혀놓은 책이다. 대원 선사가 부록으로 도덕경의 중대한 대목을 더하고, 그 대목대목마다 결문(決文)하였다.

218쪽. 12,000원

106. 바로보인 유가귀감

유가귀감은 서산대사가 간추려놓은 구절로서, 간결하지만 심오하기 그지없으니, 간략한 구절 속에서 유교 사상을 미루어볼 수 있게 하였다. 대원 선사가 그 뜻이 잘 드러나게 번역하고 그 대목대목마다 결문(決文)하였다.

236쪽. 15,000원

출간도서

바로보인 전등록 전 5권
바로보인 무문관
바로보인 벽암록
바로보인 천부경·교화경·치화경
바로보인 금강경
세월을 북채로 세상을 북삼아
영원한 현실
바로보인 신심명
바로보인 환단고기 전 5권
바로보인 선문염송 전 30권
앞뜰에 국화꽃 곱고 북산에 첫눈 희다
바로보인 증도가
바로보인 반야심경
선을 묻는 그대에게 1·2
바로보인 선가귀감
바로보인 법융선사 심명
주머니 속의 심경
바로보인 법성게
달다 -전강 대선사 법어집
기우목동가
초발심자경문
방거사어록

실증설
하택신회대사 현종기
불조정맥 - 한·영·중 3개국어판
바른 불자가 됩시다
누구나 궁금한 33가지
108진참참문 - 한·영·중 3개국어판
달마의 일할도 허락지 않는다
마음대로 앉아 죽고 서서 죽고
화두 - 한·영·중 3개국어판
바로보인 간당론
완전한 우리말 불공예식법
바로보인 유마경
실증설 5개국어판 - 한·영·불·서·중
누구나 궁금한 33가지 3개국어판
 - 한·영·중
달마의 일할도 허락지 않는다
3개국어판 - 한·영·중
화엄경 전 81권 중 29권
법성게 3개국어판 - 한·영·중
정법의 원류
바로보인 도가귀감
바로보인 유가귀감

출간예정 도서

화엄경 31권 ~ 81권
바로보인 능엄경 제6권
바로보인 원각경
바로보인 육조단경
바로보인 대전화상주 심경
바로보인 전등록 전 30권
바로보인 위앙록
해동전등록
말 밖의 말
언어의 향기

농선 대원 선사 선송집
진리와 과학의 만남
바로보인 5대 종교
금강경 야부송과 대원선사 토끼뿔
선재동자 참알 오십삼선지식
경봉선사 혜암선사 법을 들어 설하다
십현담 주해
불교대전
태고보우선사어록

법문 MP3를 주문판매합니다

부처님의 78대손이신 농선 대원 전법선사님의 법문 MP3가 나왔습니다. 책으로만 보아서는 고준하여 알기 어려웠던 선문의 이치들이 자세히 설하여져 있어서, 모든 궁금증을 시원하게 풀어줄 것입니다.

- 천부경 : 15,000원
- 신심명 : 30,000원
- 현종기 : 65,000원
- 기우목동가 : 75,000원
- 반야심경 : 1회당 5,000원 (총 32회)
- 선가귀감 : 1회당 5,000원 (총 80회)

- 금강경 : 40,000원
- 법성계 : 10,000원
- 법융선사 심명 : 100,000원

대원 선사님 작사 노래 CD 주문판매합니다

가슴으로 부르는
불심의 노래

1. 서원가 (3:36)
2. 반조 염불가 (4:00)
3. 소중한 삶 (2:30)
4. 석가모니불 (4:52)
5. 행자의 노래 (4:25)
6. 염원의 노래 (3:25)
7. 음성 공양 (3:51)
8. 발 심 가 (3:05)
9. 자비의 풀 (4:10)
10. 부처님 은혜(첫 번째) (4:34)

11. 보살의 마음 (3:50)
12. 이 생에 해야 할 일 (3:08)
13. 구도의 목표 (3:18)
14. 닮은 아시리 (3:42)
15. 부처님 은혜(두 번째) (4:34)
16. 성중성인 오성네 (3:10)
17. 내 문제는 내가 풀자 (2:38)
18. 즐거운 밤 (2:27)
19. 관 음 가 (2:48)

• 가격 : 2만원

가슴으로 부르는
불심의 노래 2

1. 부 처 님 (4:01)
2. 열반재일 (3:09)
3. 성도재일 (4:00)
4. 석굴암의 노래 (3:19)
5. 님의 모습 (3:15)
6. 믿고 따르세 (2:55)
7. 신명을 다하리 (4:17)
8. 부처님께 바치는 마음 (3:49)
9. 감사합니다 (3:10)
10. 교 향 가 (4:30)

11. 섬진강 소초 (3:08)
12. 편 수 가[1] (3:02)
13. 편 수 가[2] (3:02)
14. 우란분재일 (3:38)
15. 고맙습니다 (2:31)
16. 믿음으로 여는 세상 (3:05)
17. 출가재일 (2:44)
18. 念 원 (2:52)
19. 우리네 삶, 고운 수로 (2:35)
20. 숲속의 마음 (2:33)

• 가격 : 1만 5천원

문의 전화 ☎ 031-534-3373

유튜브에서 채널 구독하시고
무료로 찬불가 앨범을 감상하세요

유튜브에서 MOONZEN을 검색하시거나
아래의 주소로 접속해주세요

http://www.youtube.com/user/officialMOONZEN

화엄경 31권은 이룬절 포천정맥선원 최창순, 정태원, 정제윤, 정성윤, 정신윤님의 보시에 의해 출간되었습니다. 이 무량공덕으로 구경성불하시기를 기원합니다.